Marcia Mitchell
Als Christ allein in der Ehe

Marcia Mitchell

Als Christ allein in der Ehe

Wenn der Ehepartner nicht glaubt …

Aussaat Verlag Neukirchen-Vluyn

ABCteam

Bücher, die dieses Zeichen tragen, wollen die Botschaft von Jesus Christus in unserer Zeit glaubhaft bezeugen.

ABCteam-Bücher erscheinen in folgenden Verlagen:
Aussaat- und Schriftenmissions-Verlag Neukirchen-Vluyn
R. Brockhaus Verlag Wuppertal/Brunnen Verlag Gießen
Christliches Verlagshaus Stuttgart
Oncken-Verlag Wuppertal

Titel der englischen Originalausgabe:
SPIRITUALLY SINGLE by Marcia Mitchell
Erschienen bei: Bethany House Publishers,
A Division of Bethany Fellowship, Inc.
6820 Auto Club Road, Minneapolis, MN 55438
Aus dem Amerikanischen übertragen von Antje Balters

2. Auflage 1987

Titel: Meussen/Künert, Essen
Gesamtherstellung: Clausen & Bosse, Leck
Printed in Germany
ISBN 3-7615-3258-X

Inhalt

Vorwort

Die Grundlage dieses Buches ist das Wort des Paulus an alle Christen, die mit Nichtchristen verheiratet sind: „Denn der ungläubige Mann ist geheiligt durch die gläubige Frau, und die ungläubige Frau ist geheiligt durch den gläubigen Mann." (1 Kor 7,14). Was bedeutet eigentlich dieser Satz praktisch – im Alltag – für all diejenigen, die in der Ehe geistlich alleine sind? Die Gedanken und geistlichen Erkenntnisse, die in diesem Buch niedergeschrieben sind, können Ihnen dabei helfen, das so fremdartig klingende Wort „geheiligt" zu verstehen.
Ganz an den Anfang möchte ich aber ein paar Vorschläge stellen, wie Sie mit diesem Buch arbeiten können:

1. *Sie können über vier Monate einmal in der Woche ein Kapitel aus dem Buch als Grundlage für Ihre tägliche stille Zeit nehmen.*
Wenn man nur einmal in der Woche einen Abschnitt aus dem Buch durcharbeitet, kann man verhindern, den Inhalt nur zu „überfliegen". Nur allzu leicht wendet man Gelesenes nicht selbst an, wenn man es zu schnell aufnimmt. Man sollte sich wirklich die Zeit nehmen, auch die Fragen am Ende der Kapitel zu beantworten, damit man zu den Veränderungen gelangen kann, die im eigenen Leben nötig sind.

2. *Als Arbeitsprojekt, das Sie zusammen mit einem Gebetspartner oder einer vertrauten Person durchführen.*
Eine vertrauensvolle, offene Beziehung ist eine gute Grundlage zum gemeinsamen Durcharbeiten des Buches. Dieses gemeinsame Arbeiten ist möglicherweise eine gute Voraussetzung dafür, daß man das Gelernte

dann später auch in Aktion umsetzen kann. Eine gemeinsam getragene Last ist leichter und Lösungen werden greifbarer und leichter durchführbar.

3. *Als Grundlage für eine Gruppenarbeit.*
Wenn Sie planen, das Buch gemeinsam in einer Gruppe durchzuarbeiten, dann sollten Sie darauf achten, daß unter den Teilnehmern Offenheit herrscht (denn nicht selten ist es nötig, sehr private Dinge in das Gespräch einzubeziehen), und daß sie vertraut miteinander sind. Wenn sich eine Gruppe mit der Thematik der geistlich ungleichen Ehe beschäftigt, dann kann dabei durchaus herauskommen, daß die Gruppe während der gemeinsamen Arbeit zu Erkenntnissen kommt, die in dem Buch gar nicht enthalten sind. Das ist also eine sehr fruchtbare Art der Bearbeitung des Stoffes.

4. *Als Nachschlagewerk für spezielle Fragen und Probleme.*
Einzelne Kapitel des Buches können besonders hilfreich sein, wenn jemand, der geistlich alleine ist in seiner Ehe, in einer Krise steckt. Das Inhaltsverzeichnis zeigt durch seine Ausführlichkeit genau, welche Kapitel bei welchen Schwierigkeiten zu Rate gezogen werden können. Auch Seelsorger und Ehe- und Familienberater werden diese Möglichkeit der Benutzung des Buches sicher hilfreich finden.
Unser Hauptinteresse aber besteht darin, daß dieses Buch wirklich gelesen wird; denn was darin steht, stammt von einer Frau, die selbst einen langen dunklen Weg gegangen ist. Alles ist also durch persönliche Erfahrungen belegt. Betrachten Sie die Erkenntnisse des Buches als Lichter, die Ihren Weg erhellen, damit Sie nicht von ihm abkommen durch Verwirrung, die manchmal auftaucht. Sie werden dann wachsen. Sie werden stark werden. Sie werden siegen!

1. Versprechen über Versprechen

„Denke an das Wort, das du deinem Knecht gabst, und laß mich darauf hoffen.“ (Ps 119,49)

Während der Zeit, in der ich an diesem Buch schrieb, hatte ich ein ähnliches Gefühl wie damals, als ich meinen Flugschein machte. Es war eine der schwierigsten Unternehmungen meines Lebens. Weil ich ein Mensch bin, der Herausforderungen liebt, liebe ich natürlich auch das Leben. Ich möchte jeden einzelnen Augenblick genießen, aber ich möchte auch, daß alles, was ich mache, gut gemacht wird. Und es gab in meinem Leben einen Bereich, in dem etwas ganz und gar nicht stimmte.

Kurz nach unserer Hochzeit entdeckte ich, daß mein Mann und ich völlig verschiedene Auffassungen von der Rolle des Glaubens und der Gemeinde in unserem Leben hatten. Ich war es gewohnt, so oft wie nur möglich zur Kirche zu gehen; eigentlich immer, wenn es irgendeine Veranstaltung gab. Wenn ich nicht den ganzen Tag für Gott in Aktion war, dann hielt ich mich bereits für einen *schlechten* Christen.

Zunächst duldete mein Mann noch meine unzähligen Aktivitäten in der Gemeinde. Aber mit der Zeit wurde er immer ablehnender, weil er natürlich merkte, wie ich durch all mein Wirken, durch die Zeit, das Geld und die Energie, die ich der Kirche zur Verfügung stellte, immer erschöpfter wurde, während er sowieso der Meinung war, ich solle lieber zu Hause bleiben. Alles, was ich an *Gutem* in der Gemeinde und für andere tat, lief parallel mit einer negativen Reaktion meines Mannes. Es war wie ein Sog, der mich unentwegt von ihm fortzerrte, und es war mir nicht einmal bewußt, daß ich in diesem Sog steckte. Ich war fest davon überzeugt, in ruhigem Gewässer zu schwimmen ... „Danke, es geht mir gut.“ Aber in

Wirklichkeit wurde ich immer weiter von meinem Mann weggezogen, bis sich unsere beiden Welten kaum noch berührten und ich mich manchmal fragte, warum wir überhaupt noch verheiratet waren.
Ich unternahm alles nur Denkbare, um ihn zu bekehren. „Wenn er doch Christ würde", dachte ich, „dann könnten wir doppelt so viel für Gott tun." Wenn ich solchen Gedanken nachhing, dann fühlte ich mich schuldig dafür, daß nur einer von uns für das Reich Gottes tätig war, und ich bemühte mich, noch mehr zu leisten, um das wettzumachen, was mein Mann nicht tat.
Die Zeit verging und bei meinem Mann änderte sich überhaupt nichts – ich empfand die Einsamkeit und – ja, ich schämte mich, mit einem Nichtchristen verheiratet zu sein. Oh ja, ich lächelte immer, wenn ich in der Gemeinde war, und ich sagte allen, die mich fragten, es gehe mir gut, aber innerlich war mir zum Heulen – und niemand schien das zu merken, geschweige denn zu verstehen.
Es gab Augenblicke, da war es besonders schmerzlich, mit einem Nichtchristen verheiratet zu sein – zum Beispiel, als mir mein Arzt sagte, ich müsse operiert werden. Da konnte ich nicht nach Hause gehen und meinen Mann bitten: „Komm, laß uns zusammen beten." Oder wenn ich in der Bibel las und plötzlich etwas Wichtiges erkannte, es glasklar verstand, dann wandte ich mich in meiner Freude darüber unwillkürlich ihm zu, um die Freude mit ihm zu teilen – aber wenn ich dann in sein griesgrämiges Gesicht schaute, erstarb jede Freude in mir. Ja, ich war verheiratet, aber was den geistlichen Bereich betraf, da war ich mit Sicherheit alleine. Während all der Jahre unserer Ehe habe ich unzählige Fehler gemacht, habe aus diesen Fehlern gelernt und bin dadurch geistlich auch reifer geworden. Zuerst dachte ich immer, ich sei mit meinem Problem alleine, aber mir ist klar ge-

worden, daß es unglaublich viele Christen gibt, denen es genauso geht wie mir, die die gleichen Schwierigkeiten haben und oft das gleiche empfinden – und, ja, und die die gleichen Fehler machen.
Jetzt, nach mehr als 20 Jahren Ehe, nach hunderten von Diskussionen bei ungezählten Tassen Tee, habe ich es gewagt, das zu Papier zu bringen, was ich in dieser Zeit gelernt habe. Nicht zuletzt auch von anderen Frauen, die während ihrer Ehen Einsichten gewinnen konnten, die ich selbst noch nicht hatte. All das Gelernte soll mir, vielen anderen Frauen und auch Ihnen – eine neue Sicht für das Leben geben.
Aber um noch einmal von vornherein klarzustellen, daß wir auch von demselben Problem sprechen, lassen Sie mich definieren, was ich mit Christ bzw. christlich meine. Wenn ich in diesem Buch sage, jemand sei Christ, dann meine ich folgendes: Eine Person, die ihre Sünden ausdrücklich vor Gott bekannt hat, die um Vergebung gebeten hat, und die das Sühneopfer des Blutes Christi für sich in Anspruch genommen hat. Nur ein Christ kann sich darauf berufen, daß Jesus Christus an seiner Stelle gestorben ist.
Die Bibel sagt: „Denn so du mit deinem Munde bekennst Jesus, daß er der Herr sei, und glaubst in deinem Herzen, daß Gott ihn von den Toten auferweckt hat, so wirst du gerettet. Denn wenn man von Herzen glaubt, so wird man gerecht; und wenn man mit dem Munde bekennt, so wird man gerettet." (Röm 10,9–10). Wenn jemand von sich behauptet, er sei Christ, dann muß das noch lange nicht heißen, daß er auch wirklich einer ist. Wenn ich in diesem Buch von einer Person sage, sie sei Nichtchrist oder ungläubig, dann bezieht sich diese Aussage darauf, daß die Person die persönliche Hingabe ihres Lebens an Jesus Christus *nicht* vollzogen hat.
In den folgenden Kapiteln wollen wir einige persönliche

Situationen von christlichen Frauen näher betrachten. Denn biblische Frauengestalten und Frauen von heute sind nicht nur in bezug auf den Glauben Schwestern. Sie hatten dieselben Schwierigkeiten, dieselbe Trauer und dieselben Kämpfe durchzustehen. Aber da ist auch dieselbe Freude, weil sie die kostbare Erfahrung der Größe Gottes gemacht haben.

Eines der wichtigsten Dinge, die wir für unser ganzes Leben lernen können, ist, daß Gott Macht hat. Er will, daß wir als Sieger leben und wir geben uns oft trotzdem mit weit weniger zufrieden. In der Bibel stehen schätzungsweise 30000 Verheißungen, also Versprechen Gottes an uns. Nun mal ganz ehrlich: Können Sie von sich behaupten, daß Sie sich im Laufe des heutigen Tages auch nur auf eine einzige dieser Verheißungen berufen haben? Überlegen Sie doch einmal, wieviel Hoffnung uns Gott durch all seine Verheißungen schenkt – jedem einzelnen von uns, ganz persönlich. Mit ein wenig Übung können wir es lernen, diese Verheißungen Gottes in unserem Alltag anzuwenden, uns also auf sie zu berufen.

Stellen Sie sich nur einmal für einen kleinen Moment vor, welche enormen Veränderungen es in Ihrem Leben gäbe, wenn Sie sich wirklich auf jede einzelne der Verheißungen Gottes beriefen. Als Schriftstellerin spiele ich sehr gerne das „Was-wäre-wenn-Spiel". Lassen Sie uns dieses Spiel einmal gemeinsam spielen. Was wäre, wenn Sie auch nur die Hälfte der Versprechen Gottes für sich in Anspruch nähmen, ich meine, wenn Sie sie wirklich glaubten? Das sind *15000* Versprechen!

Was wäre, wenn wir als christliche Ehefrauen und Mütter uns nur jeden Tag des Jahres auf eine einzige Verheißung verließen. Das wären dann 365 Verheißungen und damit nur ungefähr ein Prozent aller existierenden Verheißungen. Können Sie sich vorstellen, was für tiefgreifende Veränderungen dieses Vertrauen mit sich bringen könnte? Nicht nur Ihr persönliches Leben, Ihre Einstellungen und Ihr Verhalten würden sich ändern, sondern Ihre gesamte Umgebung. Ihr Mann, Ihre Kinder, ja sogar die Menschen in Ihrer Nachbarschaft würden sich verändern. Was wäre, wenn Sie sich wirklich darauf beriefen, „... daß denen, die Gott lieben, alle Dinge zum Besten dienen, denen, die nach dem Vorsatz berufen sind." (Röm 8,28). Stellen Sie sich jetzt einmal ganz bildlich vor, was in Ihrem Leben anders würde, wenn Sie sich auf diese Aussage wirklich verlassen würden.

Wenn diese Verheißung wirklich stimmt, dann wird Ihnen Ihre Ehe, die Ehe mit einem *ungläubigen* Mann, in Verbindung mit anderen Faktoren, *zum Besten dienen.* Wenn Sie sich nun ganz fest darauf verlassen würden, daß diese Ehe zu Ihrem Besten ist, denn das hat Gott ja versprochen, wären Sie dann immer noch so angespannt und unzufrieden und kritisch, wie Sie es im Moment sind?

Das Schlüsselwort in dem zitierten Vers ist das Wort „alles". Gott verspricht uns nicht einen kleinen Teil. In seinem Versprechen ist absolut nichts Halbherziges. Nein, Gott verspricht uns, daß jeder Aspekt unseres Lebens, jeder enttäuschende, angsterfüllte Augenblick dieses Lebens, in Verbindung mit anderen Faktoren zum Guten zusammenwirken wird. Das ist kaum zu glauben. In meinem Leben gibt es Tage, die scheinen mir verloren, zumindest, was das *Gute* angeht, das sie eigentlich enthalten sollten. Ereignisse und Umstände verändern sich im Handumdrehen von Grau nach Kohlrabenschwarz, und ich kann überhaupt nichts Gutes mehr an ihnen erkennen. Aber Gott hat es versprochen. Wie könnte ich es wagen, ihn einen Lügner zu nennen? Wieviel ruhiger und gelassener könnte ich doch sein, wenn ich mich nur auf diese eine Verheißung verließe und wirklich jeden Tag nach ihr lebte! Wenn ich mich auf diese eine Verheißung berufe, dann merke ich, wie alle Anspannung, aller

Druck von mir abfällt und ich frei werde, mich auf die positiven Seiten meines Lebens zu konzentrieren. Ich bin sicher, daß mein Mann viel lieber zu einer glücklicheren, entspannteren Frau nach Hause käme; und wer weiß, was daraus an guten Entwicklungen entstehen könnte? Ich muß es wenigstens versuchen. Das bin ich ihm und auch mir selbst schuldig!

Am Ende jedes Kapitels stehen ein paar Fragen. Bitte überspringen Sie diese Abschnitte des Buches nicht. Es ist zwar schon ein Schritt, hier Lösungsmöglichkeiten zu lesen, aber wahrscheinlich genügt das Lesen allein nicht, um auch die notwendigen Schritte der Veränderung zu tun. Wenn Sie sich die Zeit nehmen, die angegebenen Bibelstellen nachzuschlagen, und wenn Sie sich Ihre Gedanken dazu aufschreiben, dann wird es Ihnen wahrscheinlich leichter fallen, sich an die Verheißungen Gottes zu erinnern und sie in Ihrem Alltag auch wirklich anzuwenden. Jeder von uns muß von Zeit zu Zeit einmal still werden und sich seine Lebenssituation ein wenig genauer anschauen. Wenn dabei die Versprechen Gottes und die aufgezeigten Problemlösungen deutlich werden und wenn sie sich dann miteinander verbinden, dann lassen Sie bitte zu, daß Ihr Leben dadurch gefüllt wird und daß Veränderungen stattfinden, die das siegreiche Leben mit sich bringen, das Jesus versprochen hat.

Verlassen Sie sich auf die folgenden Verheißungen:

„Durch sie sind uns die teuren und allergrößten Verheißungen geschenkt, auf daß ihr dadurch teilhaftig werdet der göttlichen Natur“ (2 Petr 1,4).

„Der Gott aber der Hoffnung erfülle euch mit aller Freude und Frieden im Glauben, daß ihr völlige Hoffnung habet durch die Kraft des heiligen Geistes.“ (Röm 15,13).

2. Zu einem Zweck geschaffen

„Das ist doch Bein von meinem Bein und Fleisch von meinem Fleisch; man wird sie Männin nennen, weil sie vom Manne genommen ist.“ (1 Mose 2,23)

„Darum wird ein Mann seinen Vater und seine Mutter verlassen und seinem Weibe anhangen.“ Der Pfarrer stand drei Schritte vor uns, und mir lief ein Schauer über den Rücken. „Und sie werden ein Fleisch sein.“ Mit diesen Worten aus 1 Mose 2,24 schloß er unsere Trauung. Das Strahlen meiner Augen paßte genau zu dem Feuerwerk, das sich in meinem Herzen abspielte. Ich war jung ... verliebt ... und jetzt mit dem wundervollsten Mann der Welt verheiratet. In diesen ersten faszinierenden Momenten meiner Ehe, in denen noch das Ja-Wort in meinen Ohren nachhallte, gelobte ich im stillen, meinen Mann glücklich zu machen.

Naiv wie ich war, meinte ich das wirklich ernst. Schließlich liebte ich ihn – und wenn man jemanden liebt, dann will man ihn doch auch glücklich machen. Aber aus Tagen wurden Jahre und mein Versprechen verblaßte, zusammen mit meiner Naivität, und irgendwann hörte ich einfach auf, mich um die Bedürfnisse meines Mannes zu kümmern. Als mir unsere unterschiedliche Auffassung vom Glauben immer bewußter wurde, da fing ich an, mir meine eigenen Ziele zu setzen. Was so im Kleinen begann, wuchs und wurde zu einem enormen Konflikt unserer Interessen. Während dieses Prozesses fragte ich mich immer wieder, warum unsere Ehe eigentlich nicht so war, wie die Ehen, die von Dichtern besungen wurden. Dieser frühe Irrtum zog mich für lange Zeit herunter. Wie war ich überhaupt in den „Schlamassel“ geraten? Die Gründe, die mir dafür einfielen, hätten alleine ein ganzes Buch gefüllt. Wenn ich jetzt andere Frauen über ihre Probleme sprechen höre, dann ertappe ich mich immer wieder dabei, daß ich im stillen sage: „Sie benutzt Grund Nr. 5 oder Nr. 3.“

Das ist jetzt nicht komisch gemeint. Wir alle scheinen immer wieder ganz ähnliche Dinge für unsere gegenwärtige Lage verantwortlich zu machen. Dieses Suchen nach einem Schuldigen ist wie ein Sumpf, der uns so fest umklammert hält, daß wir nicht mehr fähig sind, im Prozeß unserer Heilung voranzukommen. Die einzige Wahrheit an dieser Stelle ist, daß es völlig egal ist, *wie* es zu dieser geistlich ungleichen Ehe kommen konnte. Sie können diese Tatsache nämlich jetzt sowieso nicht mehr ändern (egal wie laut Sie klagen, es wird nichts nützen). Deshalb müssen Sie Ihre Ehe als eine Tatsache akzeptieren, denn sie besteht nun einmal.

Wenn Sie erst einmal aufgehört haben zu jammern und zu klagen, dann wird Ihre nächste Frage sein: „Was soll ich denn jetzt tun?“ Ich habe herausgefunden, daß es in dieser Situation am besten ist, sich auf Gottes Schöpfungsakt von Mann und Frau zurückzubesinnen. Wir müssen wissen, *woher* wir kommen, um zu erkennen, wohin wir *gehen* sollen, und wie wir *dahin kommen.* Ich fand den Schlüssel zum Verstehen meines Problems, als mir neu bewußt wurde, daß Gott zuerst den Mann und dann die Frau geschaffen hat. Es fiel mir nicht leicht, diese Tatsache zu akzeptieren, aber es ging nicht anders.

Ich war in unserer Familie das einzige Mädchen, und ich kann mich gut daran erinnern, daß ich mir immer Mühe gab, so zu sein wie die Jungen, das zu leisten, was sie auch leisteten. Irgendwo, tief in mir, ist immer noch diese Herausforderung zum Konkurrenzkampf, nicht nur in bezug auf meine Brüder, sondern generell auf Männer. Ich dachte, daß ich immer *gewinnen* müsse, um zu überleben. Dieses Verhaltensmuster trifft auf sehr viele Frauen zu, es ist aber trotzdem nicht das, was Gott von uns

Frauen will. Zumindest trug es bei mir zu Hause nicht im geringsten zum Frieden bei. Ein Gutes brachte es allerdings dennoch mit sich. Ich begann, nach einem Grund für dieses Verhaltensmuster zu suchen. Das zweite Kapitel im ersten Buch Mose trug dann zur Beantwortung der Frage bei, die meinen Schwierigkeiten zugrunde lag „Wer bin ich eigentlich?“ Wenn wir wissen, *wer* wir sind, dann können wir aufhören, unsere Zeit mit der Suche nach unserem Ich zu vergeuden. Stattdessen können wir uns darauf konzentrieren, das bestmögliche Ich zu werden – und mit Gottes Hilfe ist da Großes möglich.

„Und Gott der Herr sprach: Es ist nicht gut, daß der Mensch allein sei; ich will ihm eine Gehilfin machen, die um ihn sei.“ Und dann schuf Gott all die verschiedenen Tiere, aber sie konnten die Bedürfnisse des Mannes weder erkennen noch erfüllen. Deshalb schuf Gott ein einzigartiges Wesen. Gott sah ein Bedürfnis und schuf ein Wesen, das genau diesen Bedürfnissen entsprach – SIE!

Ja, da stand es schwarz auf weiß. Die Frau wurde geschaffen, um einem *Bedürfnis* zu entsprechen. Wir, Sie und ich, sind mit einer ganz bestimmten Absicht, zu einem ganz bestimmten Zweck geschaffen worden.

Ich empfinde es als etwas ganz Besonderes, zu einem genau bestimmten göttlichen Zweck geschaffen worden zu sein. Ich als ganze Person – mein Körper, mein Geist, meine Gefühle und mein Denken – sind von Gott auf ganz bestimmte Weise geplant worden, damit Er sie gebrauchen kann. Gott wußte zwar genau, welche Art von Mann ich brauchte, einen, der stark und ausgeglichen ist, ein Fels in der Brandung, aber trotzdem wurde nicht mein Mann für mich, sondern *ich für meinen Mann* geschaffen.

Ich möchte Sie bitten, jetzt nicht das Buch in die Ecke zu werfen, besonders dann nicht, wenn Sie eine hartnäckige

Frau sind. Obwohl ich es befürworte, Dinge in der bestmöglichen Reihenfolge zu tun, wird es einer großen persönlichen Anstrengung bedürfen, den Ratschlägen der nächsten Kapitel zu folgen. Aber Sie können ganz beruhigt sein, es wird Ihr Frausein in keiner Weise beeinträchtigen, sondern es fördern.

Um noch einmal den Sachverhalt aus dem richtigen Blickwinkel zu betrachten: ... *warum* wir eigentlich geschaffen wurden. Die Bibel sagt dazu: 1. Um dem Mann eine Gehilfin zu sein und 2. um seinen Bedürfnissen zu entsprechen (1 Mose 2,18–20). Das heißt im Klartext, Sie sind die Gehilfin Ihres Mannes, nicht seine Führerin. Ich kann jetzt förmlich hören, wie Sie aufstöhnen. Sie sagen: „Aber mein Mann wird die Familie einen ganz falschen Weg führen", oder „Er ist nicht sehr stark, und deshalb muß ich die Führung übernehmen." Wenn meine Annahme richtig ist, dann begegnen Sie hier der ersten Herausforderung. Helfen Sie ihm dabei, seine Rolle als Haupt der Familie zu erkennen und sie auszufüllen. Helfen Sie ihm, den Weg zu finden, den er einschlagen sollte.

Vielleicht haben Sie, genau wie ich, einen sehr starken Mann, und genau wie ich meinen Sie, selbst am besten zu wissen, was zu tun ist. Zumindest sind Sie aber fest davon überzeugt, daß Ihnen dasselbe Entscheidungsrecht zusteht wie Ihrem Mann. Aber betrachten Sie die Sache doch einmal folgendermaßen: Was wäre wohl passiert, wenn plötzlich einer der Jünger, Petrus z. B., beschlossen hätte, die Führung zu übernehmen.

„Es wird langsam Zeit, daß hier alle die gleichen Rechte haben", sagt er, „also, Jesus, jetzt laß *mich* mal für eine Weile die Führung übernehmen. Ich habe ein paar ganz gute Ideen, und ich glaube, die sind erfolgversprechender als deine."

Jetzt kann ich förmlich Ihr erschrockenes Gesicht sehen. Natürlich wäre es eine Gotteslästerung, die Stellung von

Jesus einnehmen zu wollen. Aber dasselbe gilt auch für die Ehe! Die Ehe ist doch ein Modellbild unserer persönlichen Beziehung zu Gott (vgl. Eph 5). Wie können wir es da wagen, Gottes Plan für uns einfach außer Kraft zu setzen? Ich tue wirklich besser daran, die Braut und nicht der Bräutigam zu sein. Das bedeutet nämlich, daß ich nach Gottes Willen und nach seinem Plan eine ganz bestimmte Rolle zu erfüllen habe – eine Rolle, die in den Augen Gottes gleichwertig ist mit der des Mannes, die aber eine andere Funktion erfüllt. Obwohl der Fuß und die Hand beide fünf Glieder haben, kann der Fuß nicht die Funktion der Hand übernehmen. Manche Menschen, die keine Hände haben, können die Füße zwar wie Hände benutzen, aber die Füße sind zu diesem Zweck eigentlich nicht gemacht worden. Die Abänderung der Funktion ist und bleibt immer ein Ersatz. Wenn nun eine Frau die Rolle des Haushaltsvorstandes übernehmen muß, dann ist das genauso ein Ersatz. Denn die Frau ist nicht dazu geschaffen, diese Rolle auszufüllen. Wenn uns nun aber klar ist, *wofür* wir geschaffen sind, dann können wir ruhig und entspannt diese Position genießen. Als Gehilfin unseres Mannes können wir uns darüber freuen, von der Verantwortung des Leitens frei zu sein. Wir dürfen den Schutz genießen, den unser Partner uns bietet. Er ist unser Schutzwall gegen den Druck und die Anspannungen, die die Umwelt in uns erzeugt. Wenn wir nun dazu geschaffen wurden, seinen Bedürfnissen zu entsprechen, so scheint es mir einleuchtend, daß wir für ihn da sein sollen, wenn er uns braucht. Wir sollen ihn in allem unterstützen und ermutigen (es sei denn in der Sünde). Wir sollen ihm also auch nicht seine Lieblingsbeschäftigungen „madig machen", nur weil sie nichts mit der Kirche zu tun haben, oder weil sie uns ganz einfach nicht passen.

„Aber mir machen seine Hobbys nun mal keinen Spaß",

beschwerte sich Sue. „Angeln ist sein Lebensinhalt; wirklich, er lebt für die Wochenenden, an denen er angeln geht. Aber es ist so kalt und naß und die Fische sind glitschig und stinken! Ich finde das alles schrecklich!"
Sues Reaktion auf das Hobby ihres Mannes war eigentlich ganz normal. Wir versuchten, gemeinsam herauszufinden, was sie tun könnte, um ihrer Rolle als Ehefrau gerecht zu werden. Wir waren uns schnell darüber einig, daß es keine Lösung sein konnte, wenn Sue zu Hause blieb, während ihr Mann auf Angeltour war. Dann versuchte sie (und dafür gilt ihr meine ganze Hochachtung), das Angeln zu erlernen. Aber sie brachte es einfach nicht fertig, einen Wurm auf den Angelhaken zu stecken oder einen Fisch vom Haken abzunehmen.
Schließlich überlegten wir, ob sie nicht auch beim Hobby ihres Mannes eine unterstützende Rolle übernehmen könnte. Sie kaufte sich ein Camping-Kochbuch und fing an, aus jeder Fisch-Mahlzeit einen richtigen Spaß zu machen. Es dauerte gar nicht lange, da fand auch ihr Mann Vergnügen an der neuen Aktivität seiner Frau, und inzwischen ist es soweit, daß sie aus dem Hobby des Mannes schöne Familienunternehmungen machen. Wie sehr sich Sues Einstellung und ihr Verhalten geändert hatten, wurde an einem Zwischenfall deutlich, der sich auf einer Party ereignete. Als die anwesenden Männer über ihre Erlebnisse beim Angeln sprachen, da fing Sue an, mit dem letzten großen Fang ihres Mannes zu prahlen. „Aber ihr hättet den Lachs einmal probieren sollen, nachdem Sue ihn zubereitet hatte!" strahlte da ihr Mann. „Die Soße, die sie dazu gemacht hatte, war einfach toll!"
Das Strahlen ihres Mannes war für Sue die größte Belohnung für all ihre Bemühungen. Sie hatte etwas sehr Wesentliches verstanden: Glück in der Ehe ist eine Nebenerscheinung, nicht der Inhalt oder das Ziel.
Eine unterstützende Rolle zu spielen, heißt keineswegs

automatisch, daß man auf sich herumtrampeln lassen oder sich in eine erniedrigende Situation begeben muß. Vielmehr kann dabei jeder Mensch in der ihm zugedachten Rolle Glanz verbreiten, indem er den Partner bestärkt und unterstützt. Allein durch Ihre innere Einstellung haben Sie es in der Hand, Ihren Mann zu stärken oder ihn zu zerbrechen. „Sie hat nie Lust, wozu ich Lust habe." Diese Worte sind oft ein Indiz für eine Ehe, die auf dem Weg in eine schwere Krise ist. Sie als eine Frau, die ihren Mann unterstützen will, haben die Möglichkeit, die Krise durch Ihr Verhalten abzuwenden. Betrachten Sie Ihre Ehe einmal sehr genau und sehr kritisch. Erinnern Sie sich daran, wie Ihr Mann war, als Sie ihn heirateten. Und dann stellen Sie sich einmal die folgende Frage: „Habe ich ihn zu dem Mann gemacht, der er jetzt ist?"

Und es gibt noch etwas, an das Sie denken sollten, wenn Sie die Frau sein wollen, die den Bedürfnissen ihres Mannes entspricht. Für Ihren Mann ist es sehr wichtig, daß Sie als christliche Ehefrau Ihr Bestes tun. Denn es ist Gottes Plan, daß Ihr Mann in Ihrer Liebe zu ihm die Liebe Jesu zu den Menschen wiedererkennen kann. Zu diesem Zweck hat Gott Sie geschaffen, dazu hat er Sie auserwählt. Und es ist wichtig, daß Sie sich eines ganz klar machen: Es ist so viel wichtiger, daß Sie dieser Rolle gerecht werden, als daß Sie herausfinden, wie es zu dieser ungleich gearteten Ehe kommen konnte. Sie sind von Gott für eine, für diese einzigartige Aufgabe geschaffen worden. Könnte Ihnen da irgend etwas anderes wichtiger sein? Dürfen Sie es wagen, etwas über Gottes Berufung für Sie zu stellen?

Vielleicht ist für uns die biblische Gestalt der Rebekka ein Beispiel, dem wir folgen sollten. Im 1 Mose 24 wird diese Frau vorgestellt, und zwar, kurz bevor sie zum ersten Mal ihrem zukünftigen Ehemann begegnet. Wenn Sie die Geschichte einmal ganz genau durchlesen, werden Sie merken, daß genau *sie* von Gott dazu auserwählt war, Isaaks Gehilfin zu sein. „Da führte sie Isaak in das Zelt seiner Mutter Sarah und nahm die Rebekka, und sie wurde seine Frau, und er gewann sie lieb. Also wurde Isaak getröstet über seine Mutter" (1 Mose 24,67). Das erste, was Rebekka tat, war, ein Bedürfnis ihres Mannes zu erkennen und zu erfüllen. Sie tröstete ihn. Welch wunderbare Art, diese Beziehung fortzusetzen und auszubauen.

1. Wenn Sie das Gelesene auf Ihre eigene Situation übertragen, können Sie dann von sich behaupten, daß Sie Ihrem Mann die Liebe zeigen, die er braucht, und daß Sie die Rolle ausfüllen, die Gott Ihnen zugedacht hat?
2. Wenn Jesus an Ihrer Stelle wäre, mit Ihrem Mann verheiratet wäre, in Ihren Lebensumständen lebte, wie wäre wohl seine Grundeinstellung dazu?
3. Wenn Sie in der Bibel einmal sorgfältig die Stellen durchlesen, in denen die Kirche im Plan Gottes als Braut bezeichnet wird, welche dieser Stellen bieten Ihnen ein Beispiel, dem Sie folgen könnten?
4. In welchen bestimmten Situationen Ihrer Ehe will Gott, daß Sie eine neue Einstellung bekommen?
5. Was genau möchten Sie heute ändern, um mit dem Plan, den Gott für Sie hat, im Einklang zu sein?
6. Berufen Sie sich auf die folgende Bibelstelle:
„Und Gott sah an alles, was er gemacht hatte, und siehe, es war sehr gut." (1 Mose 1,31)

3. Sie haben Würde!

„Ich bitte nicht, daß du sie von der Welt nehmest, sondern daß du sie bewahrest vor dem Bösen."
(Joh 17,15)

„Am Samstag haben wir Hochzeitstag", erzählte mir Judy. „Seit 24 Jahren bete ich nun, daß mein Mann Christ wird. Ich habe mir unzählige Male den Tag vorgestellt, auf den ich so sehnsüchtig warte. Dann kommt er zu mir und sagt: ‚Liebling, ich habe mein Leben Jesus übergeben', und dann leben wir glücklich bis an unser Ende." Obwohl ich denselben Wunschtraum habe wie Judy, ist mir doch eines völlig klar: In Wirklichkeit wird auch dann, wenn mein Mann sich für Jesus entschieden hat, nicht nur eitel Sonnenschein sein. Es wird immer, in jeder Ehe, Schwierigkeiten und Probleme geben. Der Apostel Paulus schrieb für die Leute, die gerne heiraten wollten: „... doch werden solche leibliche Trübsal haben ..." (1 Kor 7,28). Tatsache ist, daß alle Menschen, die verheiratet sind, Probleme haben.
Der Unterschied zwischen Ihnen, Judy, mir und tausenden von anderen Frauen, die in der gleichen Lage sind wie wir, ist, daß wir nicht mit unseren Männern beten können, wenn es Probleme gibt. Weil unsere Ehemänner unseren Glauben nicht teilen, gibt es geistliche Barrieren zwischen uns. Unsere Standpunkte unterscheiden sich in nahezu allen Lebensbereichen. „Wie soll ich unseren Kindern denn den Glauben an einen persönlichen Gott nahebringen, wenn ihr Vater überhaupt nicht an Gott glaubt?" „Dürfen Aktivitäten in der Gemeinde mit der Freizeitgestaltung der Familie kollidieren?" „Soll ich Silvester mit ihm zu einer Party bei einem seiner Kollegen gehen oder an einem Abendmahlsgottesdienst teilnehmen?" Das sind Fragen, mit denen Frauen von Nicht-

christen täglich konfrontiert sind. Es gibt für uns Frauen, die wir in der Ehe geistlich allein sind, eine Art von Druck, den viele Menschen gar nicht verstehen können oder wollen: Wir müssen immer behutsam und wohlüberlegt handeln und dabei noch auf einem Drahtseil balancieren, das zwischen zwei völlig verschiedenen Welten gespannt ist. Es kommt ironischerweise auch noch hinzu, daß an beiden Enden des Seiles Menschen stehen, die nur darauf zu warten scheinen, daß wir abstürzen. Ein paar unserer christlichen Bekannten schauen ganz besorgt drein, weil sie den Eindruck haben, wir würden „zu weltlich“, während unsere nichtchristlichen Freunde nach Widersprüchen zwischen unserem Bekenntnis und unserem Verhalten im Alltag Ausschau halten. Um diesen Spannungen standhalten zu können, müssen wir geistlich überleben, geistlich beharrlich und ausdauernd sein. Wir müssen auf der Hut sein, daß die Welt nicht zu sehr an uns zerrt, und gleichzeitig müssen wir aufpassen, daß unsere Ehen nicht von engstirnigen, wenn auch wohlmeinenden Christen belastet werden.
Linda erzählte mir, daß sie sehr unter ihrer gläubigen Mutter leide, die sie ständig bedränge, sich aktiver am Gemeindeleben zu beteiligen. Ein typischer Anruf der Mutter endete meistens mit den Worten: „Ja, wenn Bob nicht mitgehen will, dann laß ihn doch einfach zu Hause und geh’ alleine. Du hättest auf mich hören und ihn gar nicht erst heiraten sollen. Wenn du nicht aufpaßt, wird er dich noch vom Glauben abbringen.“ Linda war ziemlich frustriert und hin- und hergerissen zwischen dem Wunsch, den Anforderungen ihrer Mutter und denen der Gemeinde gerecht zu werden und der nicht zu leugnenden Tatsache, mit einem Nichtchristen verheiratet zu sein. Statt ihr eine geistliche Stütze zu sein, bewirkte die Mutter mit ihrem Verhalten, wenn auch unabsichtlich, das genaue Gegenteil.

Wir möchten meistens in gleichem Maße in der Gemeinde und in der Familie positiv wirksam sein, aber der Druck, das auch beides zu schaffen, droht uns manchmal zu zerreißen. Es ist keineswegs das Ziel dieses Buches, das Verhalten bestimmter Menschen zu verurteilen. Ich möchte vielmehr Erkenntnisse weitergeben, die ich im Laufe der Jahre durch meine eigenen Erfahrungen und durch Kontakte mit anderen Frauen, die auch mit Nichtchristen verheiratet sind, gewonnen habe.

Eine christliche Frau, die mit einem Mann verheiratet ist, der nicht glaubt, hat manchmal das Gefühl, absolut alleine zu sein. Wenn sie aber Jesus wirklich nachfolgen will, dann muß ihr ganz klar und bewußt sein, daß keiner von uns alleine ist. Sowohl im Alten als auch im Neuen Testament wird uns das Versprechen der Hilfe Gottes gegeben. „Ich will dich nicht verlassen noch versäumen" (Hebr 13,5). Außerdem hilft Gott uns in unserem geistlichen Wachstum, indem er uns sein Wort gibt und Freunde, die auch an ihn glauben. Es ist also völlig unnötig, sich einsam zu fühlen oder sich zu schämen. Mit Gottes Hilfe *sind wir fähig*, den schmalen Weg zwischen den beiden Welten zu gehen, ohne dabei unsere Würde zu verlieren.

Ich glaube, daß für alle christlichen Frauen, die mit einem Nichtchristen verheiratet sind, die meisten Probleme an den Sonn- und Feiertagen auftauchen, denn an diesen Tagen müssen sie oft eine Entscheidung treffen. Sie möchte in den Gottesdienst gehen, während seine Freizeitaktivitäten nicht selten auch Dinge enthalten, die ihrer christlichen Grundhaltung nicht entsprechen.

Weil Darlene gelernt hatte, das Böse zu meiden und das Gute zu suchen (1 Thess 5,22), hatte sie es bisher immer abgelehnt, mit ihrem Mann an dem alljährlich stattfindenden Betriebsfest seiner Firma teilzunehmen. Tom reagierte auf das Verhalten seiner Frau verbittert. Dieses eine Problem entfernte die beiden immer weiter voneinander und Darlene fürchtete schließlich, daß Tom an Scheidung dachte. Bei einer der wenigen Gelegenheiten, bei denen Tom und Darlene offen miteinander reden konnten, erzählte Tom seiner Frau, daß er den Eindruck habe, sie ginge nicht mit zu dem Fest, weil sie ihn ablehne. Und wenn dann alle anderen Kollegen in Begleitung ihrer Frauen kämen, dann könnten sie doch den Eindruck bekommen, mit ihm stimme etwas nicht – er fühle sich dann immer öffentlich bloßgestellt. Als Tom das gesagt hatte, wurde Darlene plötzlich klar, daß ihr Mann sie jetzt ganz dringend brauchte. Sie gestand ihm, daß sie immer gedacht habe, er wolle ihr durch dieses Fest den Glauben absichtlich schwer machen. Jetzt, nach 28 Ehejahren, geht Darlene fast immer mit zu den Festen, auf die ihr Mann eingeladen ist. Sie achtet aber darauf, daß sie sich dabei nicht an Dingen beteiligt, die mit ihrem Glauben nicht vereinbar sind. Trotzdem bemüht sie sich aber, fröhlich und freundlich zu sein und nicht den Eindruck von Überheblichkeit zu erwecken.

Und Gott segnete Darlenes Verhalten. Gleich bei dem ersten Fest, auf das sie Tom begleitete, traf sie die Frau eines Kollegen ihres Mannes, die auch Christ war. Die beiden wurden gute Freundinnen. Und noch etwas geschah: Als Darlene sich auch im Kreise der Kollegen ihres Mannes entspannt verhalten konnte, kam plötzlich ihr fröhliches Wesen zum Vorschein. Es dauerte gar nicht lange, da war sie es, die Leben in die Partys der Kollegen brachte, und trotzdem war für jeden deutlich erkennbar, daß sie keine Kompromisse in bezug auf ihren Glauben einging. Durch all diese Veränderungen wurde auch ihre Ehe mit Tom ganz anders und neu.

Im 1 Mose finden wir ein interessantes Beispiel im Leben der Sarah. Ihre Ehe war wahrhaftig nicht perfekt. Doch durch all die Erfahrungen in ihrer Ehe hatte sie es mit der

Zeit gelernt, sich unterzuordnen, ohne ihren Gehorsam Gott gegenüber preiszugeben. Obwohl sie gehorsam war, hielt sie nicht immer den Mund. Sie forderte zum Beispiel, daß Hagar und Ismael das Haus verlassen sollten, nachdem Isaak geboren war, und Gott unterstützte diese Forderung (1 Mose 21,10–12).
Im 1 Petrus 3,6 werden wir daran erinnert, daß Sarah Abraham gehorsam war, und sie ihn „Herr" nannte (1 Mose 18,12). Wenn wir die Wünsche unserer Ehemänner respektieren, nicht unkritisch, sondern überlegt und gerne, bereichern wir dadurch unsere Ehen und zeigen ein Verhalten, das in den Augen Gottes kostbar ist. Er hat verheißen, daß gerade durch so eine Art des Verhaltens Menschen zum Glauben kommen (1 Petr 3,1). Uns umgibt eine ruhige Würde, wenn wir das tun, was richtig ist. Wenn wir aufmerksam beten, auf Gott hören und suchen, dann erkennen wir, wo dieser schmale Grat zwischen Gehorsam dem Mann und Gehorsam Gott gegenüber verläuft, und dann werden wir anmutig darauf gehen können.

1. Bei welchen seiner Hobbys möchte Ihr Mann Sie gerne dabei haben? (Dazu können auch Fußball, Skilaufen und Kegeln gehören).
2. Wie wäre wohl die Einstellung Jesu zu diesem Problemkreis?
3. Welche Bibelstellen könnten hier ein Beispiel geben, an dem Sie sich orientieren könnten?
4. Wie können Sie Ihre Grundeinstellung in diesem Bereich ändern und in Einklang mit dem Willen Jesu bringen?
5. Was sollten Sie – wenn nötig – jetzt tun?
6. Berufen Sie sich auf folgende Bibelstelle:
„Sondern der verborgene Mensch des Herzens im unvergänglichen Schmuck des sanften und stillen Geistes! Das ist köstlich vor Gott." (1 Petr 3,4)

4. Was Hänschen nicht lernt ...

„Gewöhne einen Knaben an seinen Weg, so läßt er auch nicht davon, wenn er alt wird.“ (Spr 22,6)

Wir wissen alle, daß ein Kind in seinen ersten Lebensjahren geprägt wird, und daß diese ersten Jahre wohl die wichtigste Zeit im Leben eines Kindes sind. Was kann nun eine Mutter tun, die gläubig ist, deren Mann aber darauf besteht, daß „meine Kinder nicht mit dem religiösen Quatsch berieselt werden“? Wenn einer der stärksten und schönsten Einflüsse im Leben Ihres Kindes ein entschiedener Gegner der christlichen Grundsätze ist, dann müssen Sie selbst Einfluß nehmen auf die religiöse Früherziehung Ihrer Kinder. Wenn Kinder in einer geistlich unausgewogenen Umgebung aufwachsen, dann muß Ihr Einfluß als gläubige Mutter besonders stark sein. Wenn es um die geistliche Erziehung Ihrer Kinder geht, dann können Sie es sich einfach nicht leisten, ängstlich zu sein. Als Eltern sind wir für unsere Kinder Idole. Sie folgen unserem Vorbild noch viel näher und intensiver als wir es uns überhaupt vorstellen können.

Cathy wußte, wie wichtig es war, mit den Kindern zusammen zu beten und ihnen den Glauben an Jesus Christus zu vermitteln. Aber immer, wenn sie das versuchte, dann forderte ihr Mann George sie energisch auf, das zu unterlassen. Wenn sie abends mit den Kindern betete, bevor sie einschliefen, dann störte George sie immer gerade dann und kritisierte ihren Glauben oder machte ihn lächerlich vor den Kindern. Er lehnte das Beten vor dem Essen strikt ab, und jeder Sonntag wurde für die ganze Familie zur Qual. Wenn Cathy nicht zum Gottesdienst ging, dann hatte sie Schuldgefühle, und wenn sie mit den Kindern zusammen ging, dann waren die meistens in Tränen aufgelöst, bevor es endlich losging. Es schien

keinen Weg zu geben, die Situation vernünftig zu meistern.
Die biblische Gestalt des Timotheus stammte auch aus einem geistlich gespaltenen Elternhaus. Sein Vater war ein nichtgläubiger Grieche, der eine ganz genaue Vorstellung von der Erziehung seines Sohnes hatte. Als Haushaltsvorstand war dieser Vater weder untätig, noch besonders zurückhaltend oder ausgleichend.
Timotheus' Mutter Eunice, eine gläubige Jüdin, dagegen wünschte sich, daß ihr Sohn in alle Traditionen ihres Glaubens eingeführt würde. Eine heilige Handlung aber, die der Beschneidung, wurde ihrem Sohn verweigert (Apg 16,3), denn in der Frage der Beschneidung gab es zwischen den Juden und den Griechen weitreichende Differenzen. Es scheint also, als habe Timotheus' Vater in dieser wichtigen Frage das letzte Wort gehabt. Timotheus wurde nicht beschnitten, sondern er mußte warten, bis er alt genug war, die Entscheidung darüber selbst zu treffen. Obwohl sich also die Mutter in der Frage der Beschneidung nicht durchsetzen konnte, gab sie nicht auf, sondern bemühte sich, ihrem Sohn so viel wie nur möglich von ihrem jüdischen Glauben zu vermitteln. Zwar mußte sie sich in einigen Dingen ihrem Mann fügen, aber wo immer es möglich war, nahm sie Einfluß und ließ nicht zu, daß ihre tiefste Überzeugung einfach ausgelöscht wurde. In der Stille des Hauses, vielleicht im Kinderzimmer, nahm sie jede Gelegenheit wahr, um ihren Sohn zu unterrichten. Von frühester Kindheit an wurde Timotheus gelehrt, an Gott zu glauben. Im 2 Timotheus 3,15 können wir lesen: „und weil du von Kind auf die heilige Schrift weißt, die dich unterweisen kann zur Seligkeit durch den Glauben an Christus Jesus." Eunice wartete nicht damit, von ihrem Glauben zu erzählen, bis Timotheus ein erwachsener Mann war. Manche Leute warten mit dem Erzählen bis ihre Kinder alt genug sind

und selbst entscheiden können, was sie glauben wollen. Wenn man aber so lange wartet, ist es meistens zu spät, denn: „Was Hänschen nicht lernt, lernt Hans nimmermehr". Unsere Kinder sind ununterbrochen neuen Ideen ausgesetzt und nahezu von jedem beeinflußbar, dem sie begegnen. Schule, Fernsehen, Werbung, Zeitschriften, Kino usw. – all das prägt ihr Leben mit. Wir dürfen nicht lauwarm sein, wenn es um die wichtigste Entscheidung im Leben unserer Kinder geht. Christliche Erziehung muß in der Zeit stattfinden, in der Kinder noch formbar sind, also so früh wie möglich. Wenn Sie von den Hilfsmitteln Gebrauch machen, die Ihnen zur Verfügung stehen, dann können Sie noch heute mit dieser wichtigen Aufgabe beginnen. Auch Eunice benutzte damals die Hilfsmittel, die ihr zur Verfügung standen. Wahrscheinlich war ihr einziges geschriebenes Arbeitsmaterial die jüdischen Schriften, also unser Altes Testament. Sie sorgte dafür, daß Timotheus den Sinn dieser Schriften auch wirklich verstand. Um ein solches gründliches Verständnis zu erreichen, genügt es sicherlich nicht, eine biblische Geschichte als Gute-Nacht-Geschichte vorzulesen und die Kinder das Gebet „Müde bin ich, geh' zur Ruh' ..." zu lehren. Eunice investierte viel Zeit und Mühe in den Unterricht. Wenn wir es so handhaben wollen wie sie, dann sollten wir eine Zeit festlegen, die wir allein mit den Kindern verbringen. In dieser Zeit sollten wir ihnen mit Hilfe der Bibel von Gott erzählen, und wir sollten mit ihnen zusammen beten. Mit dem großen Angebot christlicher Bücher (auch christlicher Kinderbücher) haben wir es da schon viel leichter als Timotheus' Mutter. Bevor Sie jetzt eigene Ideen sammeln, wie Sie zu Hause eine glaubensgeprägte Umgebung schaffen können, hier einige Vorschläge:

1. Hängen Sie große, bunte Poster auf, die biblische Grundgedanken darstellen.

2. Es gibt verschiedene biblische Spiele und Arbeits- und Werkbücher. Benutzen Sie die, um biblische Grundgedanken zu vermitteln, und um den Kindern zu zeigen, wie man sich diese Gedanken leicht einprägen kann.
3. Lernen Sie *zusammen mit den Kindern* jede Woche eine Bibelstelle auswendig (z. B. die Verheißungen Gottes, die am Ende jedes Kapitels in diesem Buch stehen. Stecken Sie den Kindern ab und zu mal einen Bibelvers in die Jacken- oder Schultasche.)
4. Machen Sie Gebrauch von Büchern! Stöbern Sie im christlichen Buchladen herum und kaufen Sie die besten Bücher für Ihre Kinder. Lesen Sie den Kindern christliche Geschichten vor, wenn sie noch klein sind, und versorgen Sie sie mit christlicher Lektüre, sobald sie selbst lesen können. Um negativen Einflüssen auf Ihre Kinder entgegenwirken zu können, sollten Sie jede sich bietende Gelegenheit nutzen, sie zu unterweisen. Es war nicht die Menge, sondern die Intensität und die Qualität von Eunices Unterricht, die das Leben ihres Sohnes Timotheus so stark prägte. Indem sie sicherstellte, daß Timotheus den Sinn der Schrift verstand, gab sie ihm ein solides Fundament für seine Zukunft. Dieses Grundwissen nämlich gab ihm die Weisheit, die später zu seiner Erlösung durch Jesus Christus führte. Es war der Unterricht durch Eunice, der Timotheus Entscheidung für Jesus möglich machte.

Aber als Mutter erhielt sie einen noch viel größeren Lohn. Ihr Sohn fand nicht nur zum Glauben, sondern er wurde sogar zum Evangelisten, nachdem der Apostel Paulus sein Wissen über den Glauben noch vertieft hatte. Durch den Glauben einer Mutter erhielt die junge Gemeinde einen wunderbaren geistlichen Leiter, und die ganze Welt profitierte letztendlich von der Unterweisung, die er als Kind erhalten hatte.

Cathys Situation ist wirklich kein Einzelfall, obwohl es

sicherlich nicht in jeder Familie dieses Ausmaß an Widerstand gegen den Glauben gibt. Es ist nicht immer ganz leicht, eine Familie mit einem oder mehreren Kindern zu betreuen. Wenn aber ein Ehepartner nicht glaubt, dann gibt es in der Regel noch zusätzliche Probleme. Cathy lernte es mit der Zeit, sich an flexible Unterrichtszeiten für ihre Kinder zu gewöhnen. Sie betete mit ihnen, wenn ihr Mann nicht zu Hause war. Es wurde beim Nachmittagskaffee ein Tischgebet gesprochen, oder man betete nach der Schule gemeinsam um Hilfe bei den Hausaufgaben. Den kleineren Kindern las Cathy vor dem Mittagsschlaf eine biblische Geschichte vor.
Um die „Sonntagsschwierigkeiten" in den Griff zu bekommen, führte Cathy ein langes Gespräch mit George. Sie versuchte, ihm zu erklären, wie wichtig in ihren Augen die religiöse Erziehung der Kinder sei. Die beiden einigten sich darauf, daß Cathy die Kinder Sonntags mitnehmen konnte zur Sonntagsschule und in den Kindergottesdienst. Das bedeutete, sie und die Kinder würden anderthalb Stunden von zu Hause fort sein (einschließlich der Fahrzeit). Als George sich einmal klar machte, daß es um nicht mehr als anderthalb Stunden in der Woche ging, da fand er die Gemeindeaktivitäten seiner Frau schon nicht mehr so bedrohlich.
In meiner eigenen Familie mußte ich immer aufpassen, daß ich nicht zuviel Zeit in der Gemeinde, getrennt von meinem Mann, verbrachte. Zu leicht schlich sich der Gedanke ein: „Ach nur noch eine Veranstaltung mehr . . .den Kinder zuliebe . . ." Letztlich muß jede Familie für sich selbst herausfinden, in welchem Verhältnis gemeinsame und getrennte Aktivitäten zueinander stehen sollten.

1. Wie können Sie auf liebevolle Art dafür sorgen, daß Ihr Mann die Religion in bezug auf die Kinder nicht als bedrohlich empfindet?

2. Wie wäre wohl die Einstellung Jesu in dieser Frage?
3. Welche Bibelstellen könnten Ihnen hier ein Beispiel geben, an dem Sie sich orientieren könnten?
4. Wie können Sie Ihre eigene Haltung an dieser Stelle mit der Haltung Jesu in Einklang bringen?
5. Wenn Sie Verantwortung für Kinder oder Enkelkinder tragen, was könnten Sie tun, um deren religiöse Erziehung zu verbessern?
6. Berufen Sie sich auf die folgende Bibelstelle: „Glaube an den Herrn Jesus, so wirst du und dein Haus selig." (Apg 16,31)

5. Sie sind nicht alleinstehend

„Desgleichen sollt ihr Frauen euren Männern untertan sein, auf daß auch die, die nicht glauben an das Wort, durch der Frauen Wandel ohne Wort gewonnen werden, wenn sie sehen, wie ihr in Reinheit und Gottesfurcht wandelt." (1 Petr 3,1)

Es wird wahrscheinlich auch für Sie ein Dauerproblem sein, wie Sie sich in Ihrer Gemeinde verhalten sollen. Es herrscht ja in allen Gemeinden ein ständiger Mangel an Mitarbeitern. Im Kindergottesdienst bzw. in der Sonntagsschule werden Helfer gebraucht, Gesprächskreise suchen Leiter, oder es müssen Büroarbeiten (Rundbriefe, Plakate usw.) erledigt werden. Diese Aufzählung ließe sich noch beliebig fortsetzen. An wievielen dieser Aktivitäten Sie teilnehmen können, das müssen Sie immer wieder neu für sich entscheiden. Dabei ist aber das Problem, daß die Gemeinde immer nur Sie alleine, quasi Sie als Einzelperson sieht. Wenn Ihr Mann nicht zum Gottesdienst geht und sich auch sonst nicht in der Gemeinde sehen läßt, dann werden Sie von den Gemeindemitgliedern als alleinstehend betrachtet. Ich weiß auch nicht, wie es kommt, daß immer Einzelpersonen die erste Adresse für die Bitte: „Ach bitte, nur dies eine noch …“ sind, aber es ist so.

Vielleicht hat das psychologische Gründe. Wenn die Gemeindeglieder den Ehemann nie *sehen*, dann existiert er für sie auch nicht. Es wird von den meisten Leuten davon ausgegangen, daß Sie allein es sind, die Entscheidungen fällen, weil nur Sie für die Gemeinde sichtbar sind. „Kannst du während unserer Evangelisationswoche nicht jeden Abend mit im Kirchenchor singen?“ Zweimal jährlich kommt diese Frage auf mich zu, und ich fürchte sie. Familien, in denen die Gemeinde für alle Mitglieder eine wichtige Rolle spielt, können es schon einmal verkraften, wenn sich der Lebensrhythmus zu Gunsten der Gemeinde einmal verändert und die Mutter einmal eine ganze Woche lang jeden Abend weg ist. Aber für eine Frau, deren Ehemann mit der Kirche absolut nichts zu tun haben will, ist diese Sondersituation eine schwere Last. Wie wollen Sie Ihrem Mann erklären, daß Sie an jedem Abend der Woche weg sein werden? Für ihn bedeutet das nämlich, daß Sie praktisch eine Woche lang getrennt leben, und daß seine ganzen Pläne durcheinandergebracht werden – und das alles auch noch für eine Aktivität, die er für absolut überflüssig hält. Wenn Ihr Mann bemerkt, wie die Gemeinde Ihre Zeit und Ihre Energie auffrißt, dann wird er sich sehr wahrscheinlich dagegen auflehnen und all Ihre Aktivitäten als zerstörerisch betrachten.

Es ist aber leider so, daß die meisten Menschen in Gemeinden diese Haltung nicht nachvollziehen können (oder wollen). Eher noch rufen Sie an und beteuern, daß unbedingt *Sie* diese spezielle Aufgabe übernehmen müssen, und sie betteln förmlich um Hilfe. Wenn auf diese

Weise für die Frau Druck von beiden Seiten kommt, dann fühlt sie sich, als sei sie in einen Schraubstock geklemmt. Nicht selten wird ihr von der Gemeinde das Gefühl vermittelt, sie lebe ihr Leben mit Jesus nicht verbindlich genug, wenn sie nicht an allen Gemeindeaktivitäten teilnimmt.

Aber Sie sind nicht alleinstehend. Sie sind verheiratet, und der erste Gedanke bei irgendwelchen Terminfragen sollte Ihrem Mann gelten. Wenn es in Ihrer Gemeinde außerplanmäßige Veranstaltungen gibt, dann sollten Sie das *rechtzeitig mit Ihrem Mann besprechen*, damit er nicht das Gefühl hat, Sie ließen ihn einfach alleine zu Hause sitzen.

Wenn Sie darum gebeten werden, im Kindergottesdienst mitzuarbeiten oder im Kirchenchor mitzusingen, dann vergessen Sie bitte nicht, sorgfältig abzuwägen, wo Sie Prioritäten setzen sollten. Nur zu leicht sind Sie in die Falle getappt, daß Sie das, was in der Gemeinde geschieht, zu Ihrer eigenen Angelegenheit erklären. Es bereitet ein unterschwelliges Freiheitsgefühl, Sonntags von 9 Uhr bis 12 Uhr das tun zu können, was Sie möchten, die aktive Christin zu sein, und sich zu Hause darüber auszuschweigen über all das, was Sie erlebt haben. Sie schließen ihn also bewußt aus, und das ist wie eine Strafe für ihn.

Aber wenn Sie im Kirchenchor mitsingen wollen, dann bedeutet das mindestens eine Probe in der Woche (mit zusätzlichen Proben vor Feiertagen). Im Kindergottesdienst zu helfen bedeutet Vorbereitung zu Hause. Wie wird Ihr Mann darauf reagieren, wenn Sie so viel Zeit, Mühe und vielleicht auch noch Geld in die Kirche investieren? Denn diese Bereiche müssen Sie mit ihm besprechen, da können Sie ihn nicht ausschließen, weil er es ist, der die Konsequenzen tragen muß.

Das Wichtigste in diesem Problemkreis ist wohl, daß Sie

für sich ein ausgewogenes Maß an Gemeinde- und Familienaktivitäten finden. Es müßte doch eigentlich möglich sein, daß Sie sich mit Ihrem Mann auf ein Gemeindeaktivitäts-Minimum von einem Gottesdienst in der Woche einigen. Er wird Sie sicher gehen lassen, wenn er einsieht, daß Sie nur eine Stunde pro Woche zu Gunsten Ihrer geistlichen Entwicklung von zu Hause weg sind.
Es kann aber durchaus sein, daß Sie in bezug auf andere Aktivitäten in der Gemeinde Opfer bringen müssen, wenn Sie wirklich auf diesem einen Gottesdienst bestehen. Wenn nun Kinder in der Familie sind, dann ist es selbstverständlich, daß sie auch geistliche Nahrung erhalten müssen. Das bedeutet, daß Sie eventuell sogar noch auf Ihren Gottesdienst verzichten müssen, damit Sie die Kinder zum Kindergottesdienst oder zur Sonntagsschule begleiten können. Wenn Ihr Mann allerdings damit einverstanden sein sollte, daß Sie den ganzen Sonntagvormittag weg sind, dann ist die Verbindung von Gottesdienst und Sonntagsschule bzw. Kindergottesdienst natürlich ein ganz besonderer Segen.
In der Bibel steht nicht, daß man immer an allen Gemeindeveranstaltungen teilnehmen muß, die angeboten werden. Wir sollen nur nicht „... verlassen unsere eigene Versammlung ..., sondern einander ermahnen ...“ (Hebr 10,25). Gott weiß, was wir brauchen, und er kennt auch unsere persönliche Situation. Er selbst kann noch viel mehr bieten, als es die gesamten Gemeindeveranstaltungen können. Er ist nicht auf Gemeindeversammlungen angewiesen, um klar zu zeigen, was Versammlung bedeutet. Die Ausgewogenheit Ihrer Kirchen- und Familienaktivitäten sollte daran gemessen werden, was Sie wirklich brauchen, um Ihr geistliches Leben zu erhalten. Was darüber hinausgeht ist nicht unbedingt nötig, wenn Sie es sich auch noch so sehr wünschen.
Es ist oft unbeschreiblich schwer, Prioritäten zu setzen,

wenn so viele Leute, die es wirklich gut meinen, Druck ausüben. Wenn Sie aber einmal versuchen, die ganze Sache mit den Augen Ihres Mannes zu betrachten, dann werden Sie vielleicht ein ganz neues Verhältnis zu Ihrer Zeiteinteilung bekommen.

Dieselben Regeln, die ich hier für die Zeiteinteilung aufgezeigt habe, sollten nach Möglichkeit auch für den finanziellen Bereich des Gemeindelebens gelten. Sandy und Karen standen vor dem Problem, daß Sie der Gemeinde gerne Geld spenden wollten.

Sandy betrachtete die Kassiererin im Supermarkt beim Eintippen der einzelnen Preise und schrieb, als die Endsumme erschien, einen Scheck aus, der zwanzig Mark mehr betrug. Das reichte für das Erntedankopfer, und Larry würde sicher nichts merken. *„Das habe ich doch schon öfter gemacht"*, dachte Sandy auf dem Heimweg, *„und Larry hat noch nie etwas gemerkt."* Zu Hause angekommen, deponierte sie den „gesparten" Zwanzigmarkschein im Schutzumschlag ihrer Bibel. *„Da wird Larry bestimmt nicht herangehen"*, dachte sie, „und ich *habe das Geld gleich bereit* für die Kollekte in der Kirche."

Wie immer überflog sie kurz die Seiten, zwischen die sie den Geldschein gelegt hatte, denn sie nahm jede Gelegenheit wahr, um ein paar Zeilen in der Bibel zu lesen. Zufällig hatte sie 1. Korinther 3 aufgeschlagen und bemerkte, daß Vers 13 unterstrichen war. „So wird eines jeglichen Werk offenbar werden; der Tag wird's klar machen. Denn mit Feuer wird er sich offenbaren; und welcherlei eines jeglichen Werk sei, wird das Feuer bewähren."

„Welcherlei eines jeglichen Werk sei, wird das Feuer bewähren", dachte sie und überlegte, was wohl das Feuer über Ihre Art der Spende aussagen würde. Sie nahm den Geldschein, der jetzt zwischen ihren Fingern zu brennen schien. „Es würde sagen, daß ich unehrlich mit meinem

Haushaltsgeld und mit der Abrechnung bin“, sagte Sandy zu sich selbst. „Es bedeutet, daß ich Larry in bezug auf unsere Lebenshaltungskosten belogen habe.“ Sie merkte, wie sich ihr die Kehle zuschnürte. „Ich habe ihn belogen, wenn ich ihm erzählt habe, wieviel Geld ich der Gemeinde gespendet habe, weil ich wußte, daß er nicht damit einverstanden sein würde, wenn ich nach meinem Maßstab spendete.“

„Oh, Herr, vergib mir“, sagte sie. „Ich möchte zu diesem Erntedankfest so gerne für andere Menschen eine Hilfe sein, aber ich möchte das auf ehrliche Art und Weise sein, so, wie es uns als Christen aufgetragen worden ist.“

Sie war den Tränen nahe, als sie den Geldschein aus der Bibel nahm. Sie legte ihn auf den Eßtisch und fühlte sich schon ein wenig erleichtert. „Vielleicht sollte ich Larry erzählen, wofür die Erntedankspenden dieses Jahr verwendet werden. Vielleicht ist er dann ja bereit, das, was wir haben, mit anderen zu teilen. Schließlich fühlt er sich ja auch für seine Mitmenschen verantwortlich. Auf diese Weise könnte die Spende dann wirklich von uns beiden sein.“

Es gab keine Garantie dafür, daß Larry mit Sandys Plänen einverstanden sein würde, aber sie hatte Vertrauen, daß Gott ihr helfen würde.

In Matthäus 5,23–24 heißt es: „Darum: wenn du deine Gabe auf dem Altar opferst, und wirst allda eingedenk, daß dein Bruder etwas wider dich habe, so laß allda vor dem Altar deine Gabe und geh zuvor hin und versöhne dich mit deinem Bruder und alsdann komm und opfere deine Gabe.“

Ihr wurde klar, daß der Gehorsam Gott gegenüber wichtiger war, als ihre Vorstellung von der Höhe der Spende.

Karens Schwierigkeiten wurden ganz anders gelöst. Sie saß in der Kirche und hörte dem Vortrag eines Gastrefe-

renten zu. „Gott will, daß wir den Zehnten geben. Das steht ganz klar und unmißverständlich in der Bibel." Der Referent versuchte, durch seine Worte die Gemeindeglieder zu großzügigen Spenden zu ermutigen. Karen wandt sich innerlich vor Scham und Schuldgefühlen. Der kleine Betrag, den ihr Mann ihr als Spende für die Gemeinde zur Verfügung stellte, konnte wahrhaftig nicht als Zehnter bezeichnet werden. Aber was konnte sie denn tun? Sie errötete vor Scham, als sie die Kollektendose weiterreichte, ohne etwas hineinzutun. Sie liebte Gott und sie liebte auch ihre Gemeinde, aber an dieser einen Stelle konnte sie deren Anforderungen nicht gerecht werden. „Verlange ich denn von dir, daß du den Zehnten vom Gehalt deines Nachbarn gibst?" fragte da diese bekannte innere Stimme ganz liebevoll. „Nein, natürlich nicht", antwortete sie etwas verwirrt über diese merkwürdige Frage. „Und genauso wenig verlange ich von dir, daß du den Zehnten vom Gehalt deines Mannes gibst. Die Frage nach seiner Bereitschaft, etwas von seinem Geld abzugeben, ist eine Sache zwischen ihm und mir. Du sollst mir nur von dem abgeben, was du auch wirklich hast. Es gibt nämlich außer Geld auch noch andere Sachen, die man teilen kann."
Was konnte Gott damit wohl meinen? Als Ehefrau, Hausfrau und Mutter verfügte sie nicht über ein eigenes Gehalt. Sie verbrachte ihre gesamte Zeit im Dienst der Familie ... ZEIT ... natürlich. Karen konnte Gott mit Sicherheit einen Teil ihrer Zeit abgeben. In den folgenden Wochen empfand Karen weder Schuld noch Scham, wenn sie die Kollektendose weitergab. Sie legte, nur für Gott sichtbar, ihre Gebete für andere, einen Besuch bei einer behinderten Nachbarin, einen Kuchen für eine berufstätige Nachbarin und einen Anruf bei jemandem, der Ermutigung brauchte, hinein. Das alles war „der Zehnte" ihrer Zeit und ihrer Liebe. „Denn wenn der gute Wille da

ist, so ist er wohlgefällig nach dem, was er hat, nicht nach dem, was er nicht hat." (2 Kor 8,12)
Wenn Sie immer wieder dem Druck ausgesetzt sind, sich stärker an Gemeindeaktivitäten zu beteiligen, dann sollten Sie sich ein paar Sätze zurechtlegen, die Ihnen dabei helfen, „Nein" zu sagen.
Zum Beispiel: „Ich würde ja gerne mitarbeiten, aber ich schaffe das einfach nicht mehr." Oder „Vielen Dank, daß ihr mich fragt. Ich werde mit meinem Mann darüber sprechen, ob wir das zeitlich regeln können." Erinnern Sie sich daran, was Gott Karen so deutlich zeigte: Um den Sieg und die Freude zu erleben, ist einzig und allein Gottes Zustimmung zu unserem Verhalten nötig.

1. „Auf welche Weise könnten Sie Ihren Mann für die Gemeinde „sichtbarer" machen? (Nehmen Sie ihn zu geselligen Veranstaltungen mit, die von der Gemeinde veranstaltet werden. Laden Sie andere christliche Ehepaare zum Abendessen ein, sprechen Sie in der Gemeinde oft und positiv über ihn usw.)
2. Wie wäre die Haltung Jesu zu Ihrer Aufteilung der Kirchen- und Familienaktivitäten?
3. Welche Bibelstellen könnten Ihnen hier ein Beispiel geben, an dem Sie sich orientieren könnten?
4. Wenn Sie Ihre Gemeindeaktivitäten einmal mit den Augen Ihres Mannes betrachten, welche Einstellung sollten Sie dann unter den bestehenden Bedingungen ändern?
5. Was könnten Sie heute tun, um Ausgewogenheit zwischen Gemeinde- und Familienleben herzustellen, falls diese noch nicht besteht?
6. Berufen Sie sich auf folgende Bibelstelle:
Frauen sollen „... sittig sein, keusch, häuslich, gütig, ihren Männern sich unterordnen, auf daß nicht das Wort Gottes verlästert werde." (Tit 2,5)

6. Geistlichen Mangel verhindern

„Wachset aber in der Gnade und Erkenntnis unseres Herrn und Heilandes Jesus Christus.“ (2 Petr 3,18)

Im letzten Kapitel haben wir uns noch einmal ganz deutlich gemacht, daß wir nicht alleinstehend, sondern verheiratet sind. Aber andererseits sind wir auch kein vollkommenes Paar.

Wenn Sie also geistlich überleben wollen, dann müssen Sie dafür alleine, ohne Hilfe Ihres Mannes sorgen. Ihr Mann kann Ihnen in Ihrem geistlichen Wachstum nicht helfen. Wenn Ihnen Ihr Mann nur wenig Zeit in der Gemeinde zugesteht, dann müssen Sie aufpassen, daß Sie geistlich nicht verkümmern. Dies ist der Bereich Ihres Lebens, in dem SIE, und zwar Sie ganz alleine, entscheiden müssen, wie Ihr Weg mit Gott aussehen soll. Das Schöne an dieser Entscheidung ist, daß Gott nichts lieber will, als daß Sie sich für ihn entscheiden, und daß er dann ganz wunderbare Erfahrungen für Sie bereithält. Was Sie und ich als schwere Last empfanden, bevor wir unser Leben Jesus Christus übergaben, wird nach unserer Entscheidung zu einem schönen Geschenk.

Erinnern Sie sich an die biblische Gestalt des Joseph im Alten Testament? Von seinen Brüdern gehaßt, wurde er nach Ägypten in die Sklaverei verkauft und war dort völlig allein. Als aber der Vater gestorben war, rief Joseph seine Brüder zu sich, um sie zu trösten. Im 1 Mose 50,20 sagt er: „Ihr gedachtet es böse mit mir zu machen, aber Gott gedachte es gut zu machen, um zu tun, was jetzt am Tage ist, nämlich am Leben zu erhalten ein großes Volk.“ Was für Joseph zunächst eine schwere Last gewesen war, die er ganz allein tragen mußte, wurde zu einem großen Geschenk. Weil er gelitten hatte, wurde er in die Lage versetzt, Leben zu erhalten. Das seines geliebten Vaters, das seiner Brüder, die ihn gehaßt hatten, ja sogar das des gesamten ägyptischen Volkes. Gott wollte wirklich, daß sich Josephs Kummer und seine Schwierigkeiten in etwas Gutes verwandelten.

Joseph hätte auch in Selbstmitleid versinken können. Es hat wahrscheinlich auch Zeiten in seinem Leben gegeben, in denen er fragte: „Warum gerade ich?“ Von mir weiß ich ganz bestimmt, daß ich diese Frage sehr oft gestellt habe. Besonders dann stellte ich sie, wenn ich mich schuldig dafür fühlte, daß mein Mann kein Christ ist. Es ist doch wirklich merkwürdig, daß wir uns in unserer ohnehin schwierigen Situation auch noch mit falschen Schuldgefühlen belasten. Wenn uns solche Schuldgefühle von anderen aufgebürdet werden, dann ist das manchmal nur schwer feststellbar. Als mir zum ersten Mal so richtig schmerzlich bewußt wurde, daß ich geistlich alleine war in der Ehe, da bat ich oft christliche Freunde, für mich zu beten.

Aber als sich mit der Zeit – Jahr um Jahr ging ins Land – bei meinem Mann in geistlicher Hinsicht nichts veränderte, da merkte ich, wie sich die Haltung dieser Freunde änderte. Sie fingen an, mir Fragen zu stellen. „Bist *du* auch wirklich gehorsam? Ordnest *du* dich wirklich unter? Vielleicht mußt *du* etwas ändern ... Vielleicht drängelst *du* zu sehr, was den Glauben betrifft. Vielleicht redest *du* nicht genug über den Glauben.“ Und sie fragten und fragten und fragten, bis ich schließlich das Gefühl hatte, wirklich an irgendeiner Stelle versagt zu haben. Wenn ich nur die Zauberformel wüßte, dann würde ich sie aufsagen, und dann würde sich bei meinem Mann auf wunderbare Weise die lang ersehnte Änderung einstellen. Aber ich konnte diese Zauberformel einfach nicht finden – und – ich fühlte mich schuldig.

Die schlichte Wahrheit ist: Es gibt keine Zauberformel. Ich hatte gedacht, mit mir stimme etwas nicht, weil sich

bei meinem Mann so gar nichts tat. Wegen dieser Schuldgefühle glaubte ich, ein Versager zu sein und zog mich immer mehr von meinen christlichen Freunden zurück. Als sich dann auch noch der Mann einer anderen Frau aus der Gemeinde bekehrte, da fühlte ich mich so abgelehnt, daß ich zu Gott rief: „Warum nicht ich? Warum sehen andere Frauen ein Ergebnis und ich nicht? Was stimmt mit mir nicht?“ Die Wahrheit und die Befreiung von einer großen überflüssigen Last erfuhr ich, als Gott mir zeigte, daß ich nichts *tun* konnte, um meinen Mann zu bekehren. Ich konnte zwar meine Einstellung und mein Verhalten ändern, aber dadurch änderte ich eben *mich*, nicht ihn. Diese Veränderungen an mir waren sicher nicht falsch, denn durch sie wurde ich eine bessere Ehefrau, aber *ihn* konnte ich nicht ändern. Das bedeutete nun keineswegs, daß ich aufgab und sagte: „Nichts wird ihn jemals ändern, und deshalb brauche ich mich jetzt um die ganze Angelegenheit nicht mehr zu kümmern.“ Ich mußte mich weiterhin ändern, aber ich konnte das jetzt aus dem richtigen Grund tun, nämlich um ein stärkerer Christ zu werden, durch den Gott verherrlicht wird. Ich mußte die Verantwortung für das geistliche Leben meines Mannes ganz allein Gott überlassen. Ich konnte zwar für meinen Mann beten, mich weiter von Gott ändern lassen, um zu Hause eine Atmosphäre zu schaffen, in der Gott noch besser am Leben meines Mannes wirken konnte, aber ich konnte meinen Mann nicht ändern.
Im 1 Petrus 3,1–2 steht: „Desgleichen sollt ihr Frauen euren Männern untertan sein, auf daß auch die, die nicht glauben an das Wort, durch den Wandel der Frauen ohne Wort gewonnen werden, wenn sie sehen, wie ihr in Reinheit und Gottesfurcht wandelt.“ Was auch immer mein Mann tut, dafür bin ich nicht verantwortlich. Aber ich bin sehr wohl für meine eigene Einstellung und für mein eigenes Verhalten verantwortlich.

Margaret litt unter einem inneren Konflikt. Immer wenn ihr Mann ihren Glauben für bestimmte Schwierigkeiten verantwortlich machte, dann merkte sie, wie sie zunehmend gegen ihn rebellierte.
„Ich brauche Hilfe!" Margaret saß bei einer Freundin in der Küche und wartete auf eine Tasse Kaffee. „Bill setzt mich wegen meines Glaubens immer mehr unter Druck. Immer wenn wir gerade ein Problem gelöst haben, sind schon wieder zwei neue da." Sie murmelte ein Dankeschön, als ihre Freundin eine dampfende Tasse Kaffee vor sie auf den Tisch stellte und fuhr dann fort, ihr Herz auszuschütten.
Schließlich wurde sie ruhiger. „Ich weiß nicht, was ich tun soll. Ich empfinde Bill gegenüber so viel Auflehnung und gleichzeitig weiß ich, daß das nicht richtig ist. Wie kann er denn Jesus in mir erkennen, wenn ich ihm mit einer solchen Haltung begegne?"
„Mit der Haltung ist das so eine Sache ...", antwortete die Freundin gelassen. „Ich kann deine Einstellung nicht ändern, und wir beide können Bills Haltung nicht ändern. Aber wir können zusammen für beides beten. Sie griff nach ihrer Bibel. „Heute morgen habe ich Psalm 37 gelesen. Im 5. Vers steht: ‚Befiehl dem Herrn deine Wege und hoffe auf ihn, er wird's wohl machen.' Vielleicht versuchst du, mit dem Druck, den Bill auf dich ausübt, ganz alleine fertig zu werden, und das hat jetzt Einfluß auf deine Haltung. Versuche doch einmal, deine Schwierigkeiten vor Gott zu bringen. Er weiß, was am besten zu tun ist, und nur er alleine hat die Macht, das ganze Problem richtig zu lösen." Margaret trank einen großen Schluck von dem Kaffee. „Ich glaube, du hast recht", sagte sie. „Ich kann Bill ganz sicher nicht bitten zu beten ... aber würdest du wohl mit mir beten?" Die beiden Frauen beteten zusammen und Margaret spürte, wie der Friede Gottes ihre Auflehnung besiegte.

Margaret benutzte ein Mittel, das jedem von uns in seinem geistlichen Wachstum zur Verfügung steht. Wir sollen „einer des anderen Last tragen" (Gal 6,2). Einen Freund zu bitten, mit uns zu beten, ist das Beste, was wir tun können. Jeder von uns braucht einen Gebetspartner, jemanden, dem er sich anvertrauen kann, und der Hilfestellung geben kann.

Wie oft habe ich es in Bibelstunden schon erlebt, daß eine Frau, die es wirklich gut meinte, sagte: „Mein Mann ist kein Christ. Könnt ihr wohl für ihn beten?" Manchmal erzählte sie dann in ihrem Kummer Einzelheiten aus ihrer Ehe, bei denen ich mich innerlich winden mußte. Ich habe mich dann manchmal gefragt, was wohl der Mann dieser Frau empfände, wenn er wüßte, daß seine Frau vor anderen Leuten solche Dinge ausbreitet. Und es ist gar nicht so unwahrscheinlich, daß er davon erfährt. Wieviel besser wäre es doch für alle Beteiligten, wenn diese Frau eine Austausch- bzw. Gebetspartnerin hätte. Dann könnte sie vertraulicher und auch genauer beten, ebenso wie ihre Partnerin. Das würde allen Beteiligten Peinlichkeiten ersparen, sowohl dem Ehemann, als auch den Menschen, die ungewollt und ungefragt in die Intimitäten dieser Frau eingeweiht wurden. Wenn Sie eine Austausch- oder Gebetspartnerin suchen, dann sollten Sie nach bestimmten Eigenschaften bei dieser Person Ausschau halten. Sie sollte eine erfahrene Christin sein und nicht ganz am Anfang ihres Lebens mit Jesus stehen. Sie sollte eher eine ermutigende als eine kritisierende Grundhaltung haben. Meiden Sie Leute, die nicht verschwiegen sind. Die Dinge, die Sie zu zweit besprechen, sollten mit strenger Vertraulichkeit behandelt werden. Sie brauchen eine Partnerin, die die Bibel gut kennt, so daß sie Sie an das Wort Gottes weiterverweisen kann und nicht in den Problemen selbst steckenbleibt. Ich treffe mich mit meiner

Austausch- und Gebetspartnerin mindestens einmal pro Woche. Zwischen den Treffen telefonieren wir häufig miteinander. Ihre Partnerin sollte also in Ihrer Nähe wohnen, damit sie leicht zu erreichen ist. Wir beginnen unsere Treffen immer mit Lobpreis, um uns richtig auf Gott auszurichten, also in eine richtige geistliche Grundhaltung zu kommen. Bereiten Sie sich so auf das Gespräch mit Gott vor, daß er Ihre Bedürfnisse auch erfüllen kann. Wenn es Ihnen wirklich ernst damit ist, Gott die Führung in Ihrem Leben zu überlassen, dann wird er Ihnen auch helfen, denn das hat er versprochen. „Und was ihr bitten werdet in meinem Namen, das will ich tun, auf daß der Vater verherrlicht werde in dem Sohne. Was ihr mich bitten werdet in meinem Namen, das will ich tun." (Joh 14,13–14). Ich habe es oft erlebt, daß Gott beim Gebet mit meiner Partnerin durch sie zu mir gesprochen hat in der Ruhe seines Wortes. Dadurch habe ich oft Lösungsmöglichkeiten gesehen, die mir in einer größeren Gruppe kaum aufgefallen wären. In den stillen Stunden des gemeinsamen Gebetes ist es der Geist Gottes, der uns führt. Im 1 Korinther 2,12–16 steht, daß der Geist Gottes geistliche Gedanken mit geistlichen Worten verbindet und uns auf diese Weise zeigt, was Gott uns mitteilen will.
Wenn wir nun in unserem geistlichen Lebensstil noch einen Schritt weitergehen, dann kommen wir zur täglichen persönlichen Stille. Wenn wir nicht verhungern wollen, dann müssen wir regelmäßig jeden Tag etwas essen. Das gilt auch für unser geistliches Leben. Wer kann denn gesund bleiben, wenn er nur eine Mahlzeit pro Woche ißt? Wohl kaum jemand. Aber warum glauben wir dann oft, daß wir geistlich gesund bleiben können bei einer Stunde Sonntagsgottesdienst in der Woche? Das gilt in ganz besonderem Maße für Frauen, die mit einem Nichtchristen verheiratet sind. Sie brauchen *täglich* ihre

geistliche Nahrung. Das ist bei ihnen aber fast immer mit besonderen Anstrengungen verbunden. Manchmal erfordert es ein großes Maß an Phantasie und Improvisationsvermögen, sich die Zeit zur persönlichen Stille zu nehmen.

Gloria z. B. bewahrte ihre Bibel im Badezimmer auf, weil sie wußte, daß sie dort nicht gestört wurde. Donna hielt ihre Stille während der Kaffeepause im Büro. Joyce ging mit ihren Kindern in den Park und las in der Bibel, während sie spielten. Wichtig ist, daß wir in unserem Familienalltag nicht darauf warten, daß uns die Zeit für die Stille in den Schoß fällt. Wir müssen vielmehr aktiv Zeit freimachen, die wir Gott dann in Form von Gebet und Bibellesen zur Verfügung stellen. Mir persönlich fiel das zuerst sehr schwer. Aber als ich mich ernsthaft darum bemühte, billigte mir mein Mann diese Zeit für mich alleine zu. Er verließ zum Beispiel leise wieder den Raum, wenn er unerwartet in meine Stille hineinplatzte. Natürlich wäre es mir lieber, wenn ich die stille Zeit zusammen mit meinem Mann halten könnte, aber das ist momentan eben nicht möglich. Der Apostel Paulus sagt: „... denn ich habe gelernt, mir genügen zu lassen, wie ich's finde." (Phil 4,11). Je eher wir uns damit abfinden, daß wir uns in dieser und keiner anderen Situation befinden, desto eher können wir Schritte in unserer geistlichen Entwicklung tun. Wir können nicht auf ein vages Irgendwann setzen, weil es vielleicht nie kommt. Wir müssen uns dafür entscheiden, *jetzt* mit Jesus zu leben und zu wachsen, nicht später irgendwann einmal. Wenn Sie in Ihrem turbulenten Alltag stehen, dann versuchen Sie doch, wenigstens ein bißchen Zeit für Ihre persönliche Stille abzuzweigen. Es kann sein, daß Sie dabei außerordentlich erfinderisch sein müssen, aber gerade darin besteht ja auch ein Teil der Freude, die das Leben mit Jesus mit sich bringt. Er weiß genau, welcher Zeitpunkt des Tages sich für Ihre Stille anbietet. Bitten Sie Gott, Ihnen diesen Zeitpunkt zu zeigen.

1. Wenn Sie während der Woche zusätzliche geistliche Nahrung brauchen, wie können Sie dann um den Zeitplan Ihres Mannes herum Zeit für sich gewinnen, ohne ihn dadurch zu verletzen? (Vielleicht gibt es in Ihrer Nähe einen Hausbibelkreis, der sich zu Zeiten trifft, die Sie mit Ihrem Familienleben in Einklang bringen können. Vielleicht können Sie sich eine Arbeitshilfe zum Bibellesen kaufen und damit arbeiten in der Zeit, die Ihnen zur Verfügung steht. Es gibt auch gute Kassetten mit Bibelarbeiten.)
2. Was würde Jesus zu Ihrer stillen Zeit sagen?
3. Welche Bibelstellen können Ihnen in der Frage der stillen Zeit Orientierung bieten?
4. Welche persönliche Einstellung sollten Sie zur stillen Zeit haben?
5. Können Sie jemanden nennen, der bereit und in der Lage wäre, mit Ihnen zu beten und auszutauschen?
6. Berufen Sie sich auf die folgende Bibelstelle:
„Trachtet zuerst nach dem Reich Gottes und nach seiner Gerechtigkeit, so wird euch solches alles zufallen." (Mt 6,33)

7. Mit Versuchung fertig werden

„Es hat euch noch keine denn menschliche Versuchung betroffen. Aber Gott ist getreu, der euch nicht läßt versuchen über euer Vermögen, sondern macht, daß die Versuchung so ein Ende gewinne, daß ihr's könnet ertragen." (1 Kor 10,13)

Geistlich alleine zu sein, das bedeutet auch, in vielen konkreten Situationen einsam zu sein. Wenn ich in der Gemeinde bin, dann wünsche ich mir oft jemanden, der den leeren Platz neben mir ausfüllen würde. Wir leben in einer Welt der Paare, und das gilt auch für die Gemeinde. Tische werden fast immer für vier Personen gedeckt, auf Einladungen steht: „Bringen Sie doch Ihren Ehepartner mit!" oder Kursangebote tragen die Zusatzbemerkung: „Für junge Paare ..." usw. Ich fühle mich oft unter dem Druck erklären zu müssen, warum ich alleine komme. Es ist eine Sache zu sagen: „Ich bin nicht verheiratet." Aber es ist etwas anderes, wenn ich sagen muß: „Mein Mann ist nicht Christ, er gehört nicht zur Gemeinde." Meistens murmeln die Leute dann nur ein verlegenes: „Das tut mir aber leid." Oder sie geben mir das Gefühl, ich hätte einen schrecklichen Fehler gemacht. Es ist, als hätte ich eine unheilbare Krankheit. Wenn jemand nicht verheiratet ist, dann bemüht man sich meistens noch, diese Person mit einer anderen unverheirateten Person zusammenzubringen. Aber wenn man verheiratet ist und trotzdem alleine, dann wissen die Leute nicht, was sie tun sollen, und deshalb tun sie meistens gar nichts.

Es ist dann schnell geschehen, daß man sich unter solchen Bedingungen von seinen christlichen Freunden zurückzieht. Wenn wir uns aber so verhalten, dann leidet unsere geistliche Entwicklung darunter, denn wir bringen

uns selbst um die Nahrung geistlicher Gemeinschaft. Als Folge davon werden wir anfällig für Anfechtungen und Versuchungen. Es ist eine große Versuchung sich zu sagen: „Wenn mein Mann Christ wäre, dann würde ich mich auch von meinen Mitchristen akzeptiert fühlen."
Connie war eine christliche Ehefrau, die genau in diesem Dilemma steckte. Und, wie es so oft geschieht, jemand sah ihre Not und reagierte darauf. Es fing aus dem einfachen Grund an, daß beide immer allein bei Gemeindeveranstaltungen erschienen. Nicht selten setzte er sich auf den vierten Platz am gedeckten Tisch, und so wurden die beiden gute Freunde. Und dann begannen sie darüber zu reden, wie schwer es sei, ohne gläubigen Partner in einer nichtchristlichen Umwelt zu leben.
Sie trafen sich nun öfter in der Mittagspause oder tranken ab und zu eine Tasse Kaffee zusammen, und im Gottesdienst saßen sie immer nebeneinander. Ihre Hände berührten sich, wenn sie gemeinsam das Gesangbuch benutzten, und aus einem Funken Gefühl wurde eine kleine Flamme. Es dauerte gar nicht lange, da fragte Connie sich, ob sie sich nicht lieber von ihrem Mann trennen und einen Christen heiraten solle. Es schien ihr, als könne dieser Schritt alle ihre Probleme lösen. Das Leben wäre dann eine wundervolle Verbindung aus gemeinsamem Gebet, Gottesdienstbesuchen und gemeinsamem Bibellesen – es wäre einfach vollkommen.
Mit dieser Traumvorstellung im Blick begann Connie, ihre eigene Ehe zu demontieren. Kleine Meinungsverschiedenheiten zwischen ihr und ihrem Mann wurden zu schier unüberwindlichen Hindernissen, die zwischen den beiden standen. Sie stritten sich immer häufiger, und schließlich beschloß Connie, sich den Wunschtraum vom christlichen Ehemann zu erfüllen. Denn genau hier war ihr schwacher Punkt. Auch ich habe lange Zeit diesen unterschwelligen Druck empfunden, den Erwartungen

der Gemeinde durch einen christlichen Partner zu genügen.

Aber eines Tages, ich war im Supermarkt und fühlte mich unglaublich einsam, erteilte Gott mir eine ganz deutliche Lehre, die er mir sogar bildlich vorführte.

Ein kleiner sommersprossiger Junge stand an der Süßigkeitstheke und drückte seine Nase an der Glasscheibe platt. Er wandte seinen Blick, der voller Verlangen war, keinen Moment von den Köstlichkeiten, während seine Hände vergeblich die leeren Taschen durchwühlten. Ich schwankte zwischen dem Wunsch, ihm das nötige Geld zu geben und der Tatsache, daß ich ihn vielleicht erschrecken könnte, denn er kannte mich ja nicht. Schließlich riß er sich von den Süßigkeiten los, seufzte tief und ging weg. Während er aus meinem Blickfeld verschwand, dachte ich: *Ich drücke meine Nase gegen die unsichtbare Glasscheibe der Gebote Gottes. Wenn es diese Scheibe nicht gäbe, wäre ich bestimmt versucht, mir die „Süßigkeiten" zu nehmen, die mir nicht gehören.*

Ich blieb noch einen Augenblick stehen und dachte über das unsichtbare Hindernis nach. Ich wußte, daß ich dankbar sein sollte für die Sicherheit, die es mir bot. Weil ich eine christliche Ehefrau bin, möchte ich das Beste von Gott – daran liegt mir mehr, als der Versuchung nachzugeben. Und Gott sagt uns sehr deutlich, daß wir Versuchungen nicht nachgeben sollen.

Wie oft habe ich voller Sehnsucht andere Paare beobachtet, die ihren Glauben teilen. Sie schienen so glücklich – meistens wenigstens. Und ich war ganz sicher, daß sie zusammen beteten, wenn sie Schwierigkeiten miteinander hatten.

Wie der kleine Junge seufzte ich innerlich und riß mich von dem Wunsch nach einem christlichen Ehemann los. Ich stellte mich wieder auf die Tatsache meiner geistlich leeren Ehe ein und versprach, mir mehr Mühe zu geben.

Eines Tages werde ich sehr dankbar sein für das unsichtbare Hindernis in Form der Gebote Gottes, das mich vor der Versuchung schützt, wie das Glas vor den Süßigkeiten den kleinen Jungen schützte.

Eines dieser Hindernisse zu unserem Schutz ist die Bibel. In Maleachi 2,15 steht: „Und hat er sie nicht eins gemacht und geistesverwandt mit ihm? Und wonach soll das eine trachten? Nach dem göttlichen Samen. So hütet euch in eurem Geiste, und niemand werde dem Weibe seiner Jugend untreu." Und in Vers 16 heißt es weiter: „Denn ich hasse die Ehescheidung, spricht der Herr, der Gott Israels, und daß man sein Kleid mit Frevel zudeckt, spricht der Herr der Heerscharen; darum hütet euch in eurem Geist und seid nicht treulos!"

Haltet eure Gefühle unter Kontrolle – eine gute Lebensregel. Besonders aber für Frauen, die mit einem Nichtchristen verheiratet sind, wird diese Regel zu einem Schutz vor Versuchung. Es ist nicht leicht, die eigenen Gefühle unter Kontrolle zu halten, aber es ist möglich. Eine Möglichkeit, damit zu beginnen, liegt in unserem Denken. Wenn wir uns unser Denken einmal bewußt machen und uns dann ganz bewußt dafür entscheiden, es unter Kontrolle zu halten, dann wird es uns möglich, die Stärke und auch die Richtung unserer Empfindungen zu bestimmen. In Philipper 4,8 heißt es: „Was wahrhaftig ist, was ehrbar, was gerecht, was rein, was lieblich, was wohllautet, ist etwa eine Tugend, ist etwa ein Lob, dem denket nach!" David, diese liebenswerte Gestalt aus dem Alten Testament, hatte große Schwierigkeiten, seine Gefühle und sein Denken zu kontrollieren. Während seine Soldaten auf dem Schlachtfeld kämpften, lustwandelte er zu nächtlicher Stunde auf dem Dach seines Palastes. Beide Gegebenheiten zeigen, daß er zur falschen Zeit am falschen Ort war. Er hätte nämlich bei seinen Soldaten auf dem Schlachtfeld sein sollen, und wenn schon nicht da, dann

hätte er um diese Zeit im Bett liegen und schlafen sollen. Stattdessen beobachtete er eine Frau, die ein Bad nahm und erlag der Versuchung, in die ihn die Begleitumstände katapultiert hatten (Vgl. 2 Sam 11,1–4).
Die Folgen seines Verhaltens waren verheerend. Es trieb ihn zum vorsätzlichen Mord, und das Kind aus der ungesetzlichen Verbindung starb. David hätte zu Bett gehen und seine Leidenschaft im Zaum halten können, ja müssen. Oder wenn er schon ein so starkes Verlangen nach einer Frau hatte, dann hätte er sich an seine *Ehefrau* wenden sollen. Er hatte die Möglichkeit der Wahl, aber er entschied sich für das Falsche.
Es gibt zur gleichen Problematik aber auch das positive Beispiel des Joseph. Als Sklave im Haus des Potiphar war er ständig in der Nähe von dessen Frau. Und wie es oft geschieht, wenn zwei Menschen sich ständig nahe sind, eines Tages sagte Potiphars Frau zu Joseph, was sie für ihn empfand. Sie versuchte nicht nur, ihn zu verführen, sondern Tag für Tag unternahm sie Versuche, ihn in ihr Bett zu locken. Aber Joseph, der durch seine Stellung als Sklave an der ständigen Nähe zu Potiphars Frau nichts ändern konnte, sprach ein klares Wort. Er erinnerte die Frau daran, daß er Sklave ihres Mannes sei, und daß dieser ihm vertraue (Vgl. 1 Mose 39,9).
Es wäre zu einfach, nur auf die schlimmen Folgen von Josephs Verhalten einzugehen, denn schließlich brachte es ihn ins Gefängnis. Aber Gott, der versprochen hat, uns „weder zu verlassen noch zu versäumen" (Hebr 13,5), segnet Joseph sogar noch im Gefängnis. Denn die Zeit dort brachte Joseph einen Schritt näher zur zweithöchsten Position in ganz Ägypten (in den Augen Gottes) und genau dort wollte Gott ihn haben.
Genau wie David und Joseph hatte auch Connie die Möglichkeit, sich zu entscheiden. Sie konnte die Beziehung mit ihrem gläubigen Freund fortsetzen und dadurch

ihre Ehe zerstören, sie konnte sich aber auch für einen besseren Weg entscheiden. Als Connie sich ihrer Situation bewußt wurde, entschied sie sich dafür, sich von ihrem Freund zurückzuziehen, bis sie klarer und ohne die Belastung durch ihre Gefühle die Lage würde analysieren können. Wenn der Freund sie anrief und zum Mittagessen einlud, dann lehnte sie ab. Im Gottesdienst setzte sie sich zu anderen Freunden und vermied es, ihm nahezukommen.

Wie in dem Fall von David und Bathseba gibt uns die Bibel anschauliche Beispiele dafür, was geschieht, wenn wir eine falsche Entscheidung treffen. So wird die Bibel auch durch solche Beispiele zu einem Schutz vor Versuchungen. Gott vergab David seine falsche Entscheidung, dennoch mußte aber David die Konsequenzen dieser Entscheidung tragen. Auch heute noch vergibt uns Gott unsere falschen Entscheidungen. Aber genau wie David müssen auch wir die Konsequenzen unserer Entscheidungen tragen. Im Galaterbrief erhielt die junge Gemeinde einen kostbaren Rat. „Liebe Brüder, wenn ein Mensch etwa von einem Fehl übereilt würde, so helfet ihm wieder zurecht mit sanftmütigem Geist, ihr, die ihr geistlich seid; und siehe auf dich selbst, daß du nicht auch versucht werdest. Einer trage des anderen Last, so werdet ihr das Gesetz Christi erfüllen." (Gal 6,1–2).

In diesen beiden Versen sind zwei Schlüsselgedanken enthalten. Der erste ist: *Jeder* kann in Versuchung geraten. Und der zweite: Wir sollen einer die Last des anderen tragen. Wenn wir mit einer Versuchung konfrontiert sind, dann tut es gut zu wissen, daß so etwas nicht nur uns passiert und daß wir mit dieser Last nicht alleine fertig zu werden brauchen.

Gott hat uns Hindernisse in den Weg gestellt, damit wir genau überlegen, bevor wir eine Entscheidung treffen. Das erste und natürlichste Hindernis ist unser Ehemann.

Versuchen Sie, wo immer das möglich ist, Ihren Mann zwischen sich und die Versuchung zu stellen. Nehmen Sie ihn mit zu Veranstaltungen, wann immer das möglich ist; haken Sie sich bei ihm ein, damit auch nach außen sichtbar wird: „Wir sind verheiratet!" Und wenn Sie doch alleine in die Gemeinde gehen müssen, dann halten Sie Abstand zu „dem anderen" und bemühen Sie sich, nie mit ihm allein zu sein. Glauben Sie mir, Gott versteht uns, und er möchte nicht, daß wir der Versuchung erliegen. Sogar Jesus Christus war damit konfrontiert. „Denn wir haben nicht einen Hohepriester, der nicht könnte mitleiden mit unserer Schwachheit, sondern der versucht ist allenthalben gleichwie wir, doch ohne Sünde." (Hebr 4,15)

Gott hat uns christliche Freunde zur Seite gestellt, die uns dabei helfen, diese Last zu tragen. Sie können mit uns beten. Richtige Freunde werden uns liebevoll zurechthelfen, so wie es im Galaterbrief beschrieben wird. Solche Freunde können auch einen Teil des Hindernisses werden, durch das Gott uns vor der Versuchung schützt. Sie können uns in Zeiten der Versuchung trösten und aufrichten. Wenn es Ihnen so geht wie Connie, und Sie glauben, es sei besser, sich einen christlichen Partner zu suchen, dann überlegen Sie sich das ganz genau, und bedenken Sie *alle* möglichen Folgen. Es ist gefährlich, sich gegen das ganz klare Gebot Gottes zu richten. Denken Sie daran, daß die Folge der Sünde der geistliche Tod ist (Röm 6,23).

1. Wie können Sie Ihren Mann zum Hindernis vor Versuchungen machen?
2. Wie ist die Haltung Jesu in dieser Frage?
3. Welche Bibelstellen bieten hier ein Beispiel, an dem Sie sich orientieren können?

4. Wenn Sie an Ihre eigene Situation denken, welche Haltung sollten Sie dann in dieser Frage einnehmen?
5. Gibt es etwas, das Sie *noch heute tun* sollten, um sich vor Versuchung zu schützen? (Welche christliche Vertrauensperson, Seelsorger(in) könnten Sie darum bitten, mit Ihnen zusammen diese schwere geistliche Last zu tragen?)
6. Berufen Sie sich auf folgende Bibelstelle: „Denn worin er selber versucht ist, kann er denen helfen, die versucht sind." (Heb 2,18).

8. Liebe und Ehebruch

„Ich will das Unglückstal zu einer Tür der Hoffnung machen." (Hos 2,17)

Wenn zwei Menschen heiraten und erst dann feststellen, daß sie für ihr Leben völlig verschiedene Zielsetzungen haben, dann kann das große Probleme mit sich bringen. Das ist besonders in den Ehen der Fall, in denen sich der gläubige Partner immer mehr auf seine christlichen Bekannten zurückzieht. Denn auf christliche Freunde ist in aller Regel Verlaß, wenn es um gegenseitige soziale, moralische und geistliche Unterstützung geht. Der Nichtchrist sucht sich dagegen seine Freunde in der Regel auch unter Nichtchristen. Das kann zu einem tiefen Riß in der Ehe führen, weil keiner der Partner sich im Bekanntenkreis des anderen so richtig wohlfühlt. Genauso wie es für Connie (Kap. 7) nicht schwer war, jemanden zu finden, der den leeren Platz neben ihr einnahm, wenn sie allein in der Gemeinde war, so kann das natürlich auch beim ungläubigen Partner der Fall sein. Auch er wird die Lücke empfinden, die seine Frau nicht ausfüllen kann, wenn er mit seinen Freunden zusammen ist. In der heutigen Gesellschaft sind wechselnde Partnerbeziehungen durchaus akzeptiert, und die vorherrschende Meinung macht es dem Betroffenen ziemlich leicht zu sagen: „Das machen doch alle!“ Aber eine Christin, die merkt, daß ihr Mann ihr untreu ist, steckt in einer schwierigen Situation. Ihre Reaktion auf den Ehebruch spiegelt nicht nur Sie selbst, sondern auch Jesus wider. Besonders Leute, die wissen, daß sie sich als Christ bezeichnet, werden genau beobachten, wie sie mit der Untreue ihres Mannes umgeht.

Janice war dabei, schmutzige Wäsche in die Waschmaschine zu stecken, da entdeckte sie am Hemdkragen ihres Mannes – leuchtend rot – Lippenstiftspuren. Und dies war nicht das erste Mal, daß ihr so etwas auffiel. Sie hatte bisher versucht, die Anzeichen zu ignorieren – sein spätes Nachhausekommen, Anrufe, die er nicht erklärte. Er war in letzter Zeit immer seltener zum Essen nach Hause gekommen, und es war nicht mehr zu übersehen, daß ihre Beziehung merklich abgekühlt war. Ja, und jetzt hatte sie wieder Lippenstiftspuren entdeckt, in einer Farbe, die sie selbst nicht benutzte. Zunächst stand sie fassungslos vor dieser Situation, hätte am liebsten um sich geschlagen in ihrer Wut. Wut auf ihren Mann ... wie konnte er ihr das nur antun? Und Wut auch auf Gott ... Warum ließ er das zu? Schließlich, so dachte Janice, war sie doch immer eine liebevolle Ehefrau gewesen, die sich auch untergeordnet hatte. Warum belohnte Gott sie dafür nicht, indem er ihr eine stabile Ehe schenkte?

Wenn es zu schwerwiegenden Problemen zwischen einer gläubigen Frau und ihrem ungläubigen Mann kommt, dann bedarf es manchmal drastischer Maßnahmen, um die Lage zu ändern. Für viele ist die Versuchung, sich scheiden zu lassen, zumindest aber, sich zu trennen, besonders groß. Das Leben mit dem nichtchristlichen Partner ist zu einem Tauziehen geworden, bei dem jeder Ehe-

partner versucht, den Rest der Familie auf seine Seite zu ziehen, und so geht es hin und her. Wenn dann noch das Problem des Ehebruchs hinzukommt, wird alles noch schlimmer. Und so scheint schließlich die Auflösung der Ehe der letzte Ausweg zu sein.
Aber als Christen haben wir da im Neuen Testament einen sehr vernünftigen Rat. Im 1 Korinther 7,10–16 rät Paulus, die Ehe aufrecht zu erhalten, wenn der ungläubige Partner den Wunsch hat zu bleiben. Das kommt besonders in Vers 13 zum Ausdruck: „Und wenn eine Frau einen ungläubigen Mann hat, und er ist willig, bei ihr zu wohnen, die scheide sich nicht von ihm." Da steht aber nicht, daß diese Art der Verbindung problemlos ist. Wenn in so einer geistlich unausgeglichenen Ehe dann Schwierigkeiten auftauchen, ist es meistens einfacher, die Ehe zu beenden und einen neuen Partner zu suchen. „Und beim *nächsten* Mal" heißt es dann „werde ich einen Christen heiraten." Aber ein weiteres biblisches Beispiel aus dem Alten Testament, das des Propheten Hosea, kann uns vielleicht Mut machen, *jetzt* unsere Probleme anzupacken. Hosea merkte, wie sich seine Frau und die Mutter seiner drei Kinder von ihm abwandte und alte Lebensgewohnheiten wieder aufnahm. Sie war früher eine Prostituierte gewesen, und jetzt wies sie ihren Mann zurück und „vergnügte" sich mit anderen Männern. Hoseas Schmerz, und auch die Liebe, die er empfand, werden ganz deutlich in seinem Verhalten. Zum Schutz seiner Frau ließ er eine hohe Mauer um sein Haus herum errichten, denn er wollte nicht, daß seine Frau in ihr altes, sündiges Leben zurückkehrte. Er unternahm alles, was in seiner Macht stand, um sie in Sicherheit zu bringen.
Trotz aller Bemühungen Hoseas verließ ihn seine Frau aber dennoch. Und selbst da noch beachtete Hosea sie. Er ignorierte sie nicht, und er nahm sich auch keine neue Frau. Es schien, als könne er sie einfach nicht aufgeben.

Genauso hält Jesus zu uns. Weil er sich nichts mehr wünscht, als daß wir uns ändern, fleht er uns an, freiwillig unsere selbstbestimmten Wege zu verlassen. Er steht da, mit offenen Armen ... er wartet auf uns ... bereit, uns zu vergeben. „Siehe, ich stehe vor der Tür und klopfe an. So jemand meine Stimme hören wird und die Tür auftun, zu dem werde ich eingehen und das Abendmahl mit ihm halten, und er mit mir." (Offb 3,20).
In uns ist etwas, das sich dagegen sträubt zu vergeben. Deshalb ist unsere Fähigkeit des Vergebens ein Geschenk von Gott. Jesus Christus wurde *das* Beispiel für Vergebung, als er noch vom Kreuz aus rief: „Vater vergib ihnen, denn sie wissen nicht, was sie tun." (Lk 23,34). Auch Paulus fordert uns auf, dem Beispiel Christi zu folgen. „So ziehet nun an als die Auserwählten Gottes, als die Heiligen und Geliebten, herzliches Erbarmen, Freundlichkeit, Demut, Sanftmut, Geduld; und ertrage einer den anderen und vergebet euch untereinander, wenn einer Klage hat wider den andern; gleichwie der Herr euch vergeben hat." (Kol 3,12–13).
Wie kommt es eigentlich, daß ein Mensch zur Vergebung fähig wird, wenn er sein Leben Jesus Christus ausgeliefert hat? Es kommt daher, daß *ihm vergeben worden ist.* Wenn man die Stärkung und die Freude der Vergebung kennt, wie kann man dann jemanden abweisen, der um Vergebung bittet? Aber es gibt noch einen weiteren Schritt, der weit schwieriger zu vollziehen ist, als der erste. Er besteht darin, einem Menschen zu vergeben, der gar nicht um Vergebung gebeten hat. Diese Art des Vergebens liegt jenseits menschlichen Verstehens. Aber auch hier geht Jesus selbst mit seinem Beispiel voran: „Gott aber erweist seine Liebe zu uns darin, daß Christus für uns gestorben ist, als wir noch Sünder waren. Wir haben weder seine Liebe, noch seine Vergebung verdient. Sein Zugeständnis an uns galt lange bevor wir darum baten."

Um selbst diesen Schritt tun zu können, sind wir auf die Kraft des Heiligen Geistes angewiesen. „Es soll nicht durch Heer oder Kraft, sondern durch meinen Geist geschehen, spricht der Herr Zebaoth.“ (Sach 4,6). Der Heilige Geist kann in uns das Unmögliche bewirken; er läßt uns die lieben, die gar nicht liebenswert scheinen, und er macht uns fähig, auch die tiefsten Verletzungen zu vergeben, die uns zugefügt wurden. Das geht aber nur dann, wenn wir darauf vertrauen, daß er uns wirklich ändern kann.

Hoseas Frau verdiente bestimmt nicht das Maß an Beachtung, das Hosea ihr zukommen ließ. Aber Hosea liebte sie trotzdem. Das, was sie *tat*, war wirklich nicht liebenswert, aber Hosea liebte den Menschen – seine Frau. Gott gab ihm die Fähigkeit, durch ihr Verhalten hindurchzusehen und das Unliebenswerte zu lieben. Es ist möglich, die Sünde zu hassen, wie Gott es tut, und trotzdem den Sünder zu lieben, wie Gott es tut.

Hosea gab nicht auf. Er sagte nicht: „So ist das eben im Leben. Sie hat nichts anderes verdient als das Leben, das sie jetzt führt. Ich bin froh, daß ich sie los bin.“ Nein, er blieb hartnäckig und begann aufs neue, um seine Frau zu werben. In der Bibel wird an dieser Stelle das Wort „lokken“ benutzt, das die Elemente des Verführens *und* des Überzeugens enthält. „Darum siehe, ich will sie locken und in die Wüste führen und ihr zu Herzen reden.“ (Hos 2,16). In dieser Phase seines Planes mußte Hosea sehr sorgfältig vorgehen und sich sehr bemühen. Er redete *ihr zu Herzen* und er führte sie in die Wüste. Hier in der Einsamkeit, weit weg vom Druck der Umwelt, hatten Mann und Frau die Möglichkeit, ihre Beziehung zu erneuern. Beide trugen ihren ganz persönlichen Schmerz in die Wüste. Es gab keine Garantie dafür, daß sich dadurch etwas ändern würde, aber die Umstände waren für diese beiden Menschen günstig. In der Stille des Tales konnten

sie einander wirklich zuhören. Sie brauchten diese Einsamkeit, genau wie wir heute auch von Zeit zu Zeit einmal ganz allein sein müssen mit unserem Mann. Und aus der Stille, der Zuneigung und der Zärtlichkeit entstand in ihren Herzen etwas Neues. Kummer und Schmerzen machten neuer Hoffnung Platz. Und es gab eine wunderbare Versöhnung, neue Freude und neue Liebe zwischen diesem Mann und seiner Frau. Gott hatte Hosea ganz genaue Anweisungen gegeben (Kap 3). Er sagte zu ihm, er solle seine Frau lieben, versuchen, sie zurückzugewinnen und eine erneuerte Ehe führen.
Was konnte nun die andere Frau Janices Mann bieten, das ihn von seiner eigenen Frau entfernte? Als erstes fällt uns da sicher „Sex" ein! Aber in Wirklichkeit sind es ja immer viele kleine Schritte, die zu diesem letzten Schritt führen.
Vielleicht konnte die andere Frau gut zuhören. Es gibt auf dieser Welt wohl keinen Mann, der sich nicht eine Frau wünscht, die zuhören kann. Es tut jedem Menschen gut, wenn er jemanden hat, der sich für ihn als Person oder für das, was er tut, interessiert. Vielleicht war diese andere auch nur immer erreichbar und für ihn da. Wahrscheinlich war sie immer beteiligt und interessiert, wenn er etwas plante. Es geschieht leicht, daß man sich voneinander entfernt, wenn sich Interessen oder Einstellungen ändern. Mein Mann z. B. entwickelte plötzlich Interesse für amerikanische Volkskunst. Weil ich davon überhaupt nichts verstand, war es für mich natürlich am einfachsten, dieses Interesse gar nicht zu beachten. Er begann, Ausstellungen zu besuchen, sich mit Künstlern und Kunsthändlern zu unterhalten, und ehe ich mich versah, hatte ich an dieser Stelle einfach den Anschluß verpaßt. Wenn er mich z. B. fragte: „Was hältst du denn von dieser Patina?" und ich ihn nur völlig verständnislos ansah, dann war das unserer Beziehung natürlich nicht gerade förderlich.

Es wurde mir schnell klar, daß ich etwas unternehmen mußte, wenn ich im Leben meines Mannes auch weiterhin eine wichtige Rolle spielen wollte. Ich begann, ihm wirklich zuzuhören, wenn er über Gemälde oder Plastiken sprach, und ich las Fachzeitschriften und -bücher. Ich bemerkte nach einiger Zeit einen ganz neuen Glanz in seinen Augen, wenn ich mich an einem „Fachgespräch" mit seinen Freunden beteiligte. Mit den Jahren habe ich gelernt, auch diesen Bereich seines Lebens mit ihm zu teilen. Ich begleite ihn jetzt, wenn er Ausstellungen besucht, und ich interessiere mich genauso für das, was ich sehe, wie er. Aber diese Veränderung passierte nicht von heute auf morgen. Sie erforderte viel Zeit und viel Mühe.
Janice fing nun an, ihre negativen Eigenschaften so zu betrachten, wie man Unkraut betrachtet. Da war zuerst einmal sehr viel Wut. Dann kam die Eifersucht, die Verbitterung über all die unerfüllten Hoffnungen, und nicht zuletzt war da der Schmerz, sich abgelehnt zu fühlen. All das mußte zunächst aus ihrem Leben beseitigt werden, bevor der innere Heilungsprozeß beginnen konnte.
Wie Hosea, begann sie damit, Gott ernsthaft um Hilfe zu bitten. Langsam, Schritt für Schritt, zeigte ihr der Heilige Geist die negativen Seiten ihres Gefühlslebens und heilte sie, bis sie sich schließlich ganz der Liebe Gottes öffnen und ausliefern konnte.
Sie betete: „Herr, du hast mich auch schon geliebt, als ich dir noch untreu war, und du hast mir vergeben. Gib mir bitte die Kraft und den Mut, meinem Mann zu vergeben. Im Moment kann ich mir nur schwer vorstellen, daß ich ihm wirklich vergeben kann, aber du kannst mir die Bereitschaft dazu schenken. Hilf mir doch dabei, mich ganz auf dich zu verlassen und nicht meinen eigenen Gefühlen zu folgen."
Zusammen mit seiner Vergebung schenkte Gott Janice den Schlüssel zu einem neuen Umgang mit ihren Empfin-

dungen des Abgelehntseins. Sie erkannte nämlich, daß sie sich mehr auf die Liebe und Treue ihres Mannes als auf die Liebe und Treue Gottes verlassen hatte. Sie erkannte, daß die Liebe Gottes, und der Wert, den er ihr zumaß, eine mächtige Festung in ihrem Leben waren – eine unerschütterliche Sicherheit ihres wahren Wertes, unabhängig vom Urteil anderer. Dieses Wissen machte sie frei und unabhängig vom Urteil ihres Mannes, und ihr Selbstwertgefühl nahm zu. Sie konnte sich ihrem Mann wieder nähern, weil sie wußte, daß Gott sie *immer* liebte und anerkannte. Natürlich war es durchaus möglich, daß ihr Mann sie auch weiterhin ablehnen würde, aber diese Tatsache würde nicht mehr ihr Leben beherrschen.

Und dann unternahm sie mit Gottes Hilfe den Versuch, die Beziehung zu ihrem Mann aufzuarbeiten und wiederherzustellen. Sie machte eine Liste der Bereiche im Leben ihres Mannes, an denen sie nicht teilhatte. Es gab ein paar Aktivitäten, zu denen sie ihn lieber begleiten wollte, anstatt ihn alleine gehen zu lassen, so schwer es ihr auch fiel. Der nächste Schritt bestand darin, daß sie sich vor den Spiegel stellte und sich fragte, ob sie sich für ihren Mann nicht ein bißchen hübscher machen könnte. Vielleicht eine modischere Frisur und ein paar überflüssige Pfunde loswerden. Und dann begann sie mit der schmerzhaften Arbeit, sich mit ihrem ganzen Wesen auseinanderzusetzen. War sie eine gute Zuhörerin? Zeigte sie Interesse an dem, was ihr Mann tat? Und wie wirkte sie auf andere Menschen? War es für andere angenehm, in ihrer Gesellschaft zu sein?

Es war Janice ganz klar, daß das augenblickliche Verhalten ihres Mannes alles andere als liebenswert war. Aber hatte Gott SIE nicht auch schon geliebt, *als sie noch keine Christin war* und ihr Verhalten in seinen Augen alles andere als liebenswert? Immer wieder bat sie Gott um Hilfe, ihren Mann trotz seines Verhaltens lieben zu kön-

nen. Dazu war ein Plan und viel Mühe nötig, aber sie mußte es versuchen.
Wenn Sie sich in einer ähnlichen Situation befinden, dann lassen Sie sich dadurch nicht kaputtmachen. Überlegen Sie, welche Schutzmauern Sie um Ihren Mann herum errichten können (wie Hosea um seine Frau), damit er nicht so leicht in Versuchung gerät. Wenn es bestimmte Leute oder Orte gibt, durch die Ihr Mann in Schwierigkeiten gerät, dann versuchen Sie, Möglichkeiten für ihn zu finden, sie zu meiden. Durch Gebet und durch die Hilfe Gottes werden Sie die Kraft bekommen, die Beziehung zu ihrem Mann zu erneuern.

1. Wie können Sie in der jetzigen Situation Ihrem Mann zeigen, daß Sie ihn lieben?
2. Wie würde Jesus sich in dieser Situation verhalten?
3. Welche Bibelstellen bieten Ihnen ein Beispiel, an dem Sie sich orientieren können?
4. Wie sollte Ihre persönliche Einstellung zu dieser Frage sein?
5. Was *genau* sollten Sie in Ihrem Leben ändern, um die Beziehung zu Ihrem Mann zu verbessern?
6. Berufen Sie sich auf folgende Bibelstelle:
„Aber in dem allem überwinden wir weit durch den, der uns geliebt hat.“ (Röm 8,37)

9. Nicht die Hoffnung verlieren

„Seid gestrost und unverzagt alle, die ihr des Herrn harret! (Ps 31,25)

Bisher haben wir die wichtigsten Bereiche dargestellt, die geistlich alleinstehenden Menschen Probleme verursachen. Aber es gibt noch eine weitere Grundempfindung, die wir alle von Zeit zu Zeit durchmachen müssen. Mutlosigkeit kann sich einschleichen und uns plötzlich und ohne Vorwarnung überfallen. Wenn wir das wissen, dann sind wir wenigstens ein bißchen darauf vorbereitet und können damit umgehen, wenn dieser Fall eintritt. Es ist doch wahrhaftig nichts Ungewöhnliches, daß man mutlos wird, wenn Jahre vergehen und sich trotz aller Bemühungen nichts zu ändern scheint. Cindy war seit 35 Jahren verheiratet, und sie sprach ganz offen über ihre Mutlosigkeit. „Seit 35 Jahren tue ich alles, was in meiner Macht steht, seufzte sie, „aber nichts zeigt auch nur die geringste Wirkung. Er wird niemals Christ werden!" Sie lehnte sich in ihrem Stuhl zurück und preßte ihre Handrücken gegen die Schläfen. „Ich habe versucht, eine gehorsame Frau zu sein, die sich unterordnet, habe meine Gemeindeaktivitäten auf ein Minimum reduziert, damit sie nicht mit seiner Planung kollidieren ... aber nichts passiert. Er wird sich niemals ändern!"

Vielleicht sind Sie noch nicht seit 35 Jahren mit einem Nichtchristen verheiratet, aber auch in einer kürzeren Ehe können Augenblicke völliger Mutlosigkeit auftreten. Die Bibel bietet dagegen keine Zauberformel, aber ein paar wirksame Ratschläge, wie man gegen Mutlosigkeit ankämpfen kann. In Lukas 11,5–13 geht es um Beharrlichkeit. In Vers 8 heißt es: „... so wird er doch um seines unverschämten Drängens willen aufstehen und ihm geben, wieviel er bedarf." Dahinter steht der Bittet –

Suchet – Klopfet an – Gedanke. Jesus sagt zu seinen Jüngern: „Bittet, so wird euch gegeben, suchet, so werdet ihr finden, klopfet an, so wird euch aufgetan.“ (Mt 7,7). Gleichzeitig betont er, wie wichtig es ist, immer wieder zu klopfen.
Wir wissen nicht, wann und wie Gott unsere Gebete beantwortet, aber wir sollen beharrlich weiterbeten. In Lukas 18,1 heißt es: „... daß man allezeit beten und nicht nachlassen solle, ...“
Uns ist nicht versprochen worden, das Leben als Christ sei einfach. Aber Gott hat uns so viele Verheißungen gegeben, daß er helfen wird, wenn wir uns auf diese Verheißungen wirklich verlassen und sie in Anspruch nehmen. Es wird Zeiten geben, da werden wir uns wegen unseres Glaubens an Jesus Christus mißverstanden fühlen.
Markus 13,13: „Und ihr werdet gehaßt sein von jedermann um meines Namens willen. Wer aber beharret bis ans Ende, der wird selig werden.“ Der Lohn für Ausdauer ist Erlösung, und die ist es doch wert, daß man dafür alle Prüfungen und Schwierigkeiten auf sich nimmt, mit denen man konfrontiert wird. Ich glaube, David hat meine Empfindungen ganz genau getroffen, wenn er in Psalm 102,2 sagt: „Ich möchte den unsträflichen Weg kennenlernen! – Wann kommst du zu mir? Ich will wandeln in der Einfalt meines Herzens inmitten meines Hauses.“
Nur mit Gottes Hilfe kann ich im eigenen Haus ein glaubwürdiges Leben als Christ führen. Wenn ich ihn beharrlich um Rat bitte, dann wird Gott mir helfen, denn das hat er versprochen. „Und was wir bitten, werden wir von ihm nehmen; denn wir halten seine Gebote und tun was vor ihm gefällig ist.“ (1 Joh 3,22). Es fällt mir viel leichter, die „perfekte Christin“ zu sein, wenn ich nicht zu Hause bin. Denn in meinen eigenen vier Wänden, wo ich mich nicht mehr verstecken kann, da ist mein wahres Ich

für meinen Mann vollständig einsehbar. Ich fürchte, daß es mit der Geduld, die Gott mir aufgetragen hat, nicht besonders weit her ist. Ich kann es nicht ausstehen, wenn ich auf etwas warten muß. Aber während wir geduldig auf die Bekehrung unseres Liebsten warten, gibt es doch noch ein paar Sachen für die wir in der Wartezeit beten können. Zum Beispiel können wir Gott darum bitten, daß er für den Partner Lebensbedingungen schafft, die ihm eine Umkehr erleichtern. Wie ein Bauer um Sonne und Regen betet, müssen auch wir um gute Bedingungen für unseren Mann beten. Mit diesen Tatsachen im Blick begann Cindy, Gott darum zu bitten, er möge doch jemanden schicken, der mit ihrem Mann über den Glauben sprechen könne. Schon allein durch diese Art des Gebets änderte sich die Atmosphäre bei ihr zu Hause. Cindy empfand nicht mehr den Druck, ihrem Mann etwas von Gott erzählen zu müssen. Sie hörte auf, ihn zu bedrängen. Dadurch konnten beide Ehepartner entspannter miteinander umgehen, denn Cindy hatte die Verantwortung für Toms Bekehrung von den eigenen Schultern auf die Schultern Gottes übertragen. Offenbar war sie für diese Phase des Plans, den Gott mit ihrem Mann hatte, gar nicht als Hauptakteurin vorgesehen. Paulus betont diese Unterscheidung im 1 Korinther 3,6: „Ich habe gepflanzt, Apollos hat begossen, Gott aber das Gedeihen gegeben." Cindy trennte sich von der Last, die sie nach Gottes Plan gar nicht tragen sollte. Tom war Gottes Sache, nicht ihre. Ihre Aufgabe war es, für Arbeiter zu beten, nicht, die Arbeit selbst zu tun. Wir können für einen Arbeiter Gottes beten, ohne ihren oder seinen Namen zu kennen. Wir können für die richtigen Umstände und Gelegenheiten für ihre Arbeit an unserem Mann bitten. Die Arbeiter werden ganz besonders viel Weisheit und Einfühlungsvermögen brauchen. Diesen Bitten können Sie dann noch diejenigen hinzufügen, die Gott Ihnen zeigt.

Als Cindy so betete, dauerte es gar nicht lange, und Gott zeigte auf seine Weise einen erfahrenen Christen, der bereit war, mit ihrem Mann über den Glauben zu sprechen. Wenn wir sicher sind, daß wir Gott aus den richtigen Motiven um etwas bitten, und wenn wir ihn um das bitten, was er uns aufgetragen hat, dann gilt uns das Versprechen: „Und das ist die Zuversicht, die wir haben zu ihm, daß, wenn wir etwas bitten nach seinem Willen, so hört er uns. Und wenn wir wissen, daß er uns hört, was wir auch bitten, so wissen wir, daß wir erlangen, was wir von ihm gebeten haben." (1 Joh 5,14–15). Sind die Verheißungen Gottes nicht wunderbar? Gott lügt nicht. Er hat versprochen, unsere Bitten einzulösen. Wir sollen aber beim Bitten nicht aufhören, wir sollen *glauben*. Glauben ist ein Begriff, den man nur schwer erklären kann. Vielleicht kann uns der Verfasser des Hebräerbriefes da helfen. „Es ist aber der Glaube eine gewisse Zuversicht des, das man hofft, und ein Nichtzweifeln an dem, was man nicht sieht" (Hebr 11,1). Dieses Beharren ist keine Spinnerei, sondern Wirklichkeit.

Glauben, das ist sowohl ein Substantiv als auch ein Verb. Wenn man einmal das Verb betrachtet, dann könnte man sagen: Unser Glauben wird das sichtbare Handeln dessen, worauf wir hoffen.

Glauben, das ist Abraham, der sich auf den Weg durch die Wüste macht, zu dem unbekannten verheißenen Land. Glauben, das ist die Mutter von Moses, die ihr Baby in ein Weidenkörbchen legt und es auf dem Fluß aussetzt. Glauben, das sind die Priester, die ihre Füße ins Wasser des Jordan tauchen und von Gott erwarten, daß dort trockenes Land entsteht (Jos 3,15). Glauben, das ist Rahab, die ein rotes Seil aus ihrem Fenster hängt. Glauben, das sind die Kinder Israel, die Tag um Tag schweigend die Stadtmauer von Jericho umwandern (Jos 6).

Glauben, das sind Paulus und Silas, die in einem dunklen Gefängnis laut singen (Apg 16,25).
Als Cindy merkte, wie wichtig der Glaube in ihrer persönlichen Beziehung zu Gott war, da sagte sie: „Glauben ist wie ein geistliches Thermometer. Ab und zu müssen wir unsere Einstellung und unser Verhalten in Bezug auf die Verheißungen Gottes prüfen. Vielleicht muß ich aufhören, auf den Mangel an Ergebnissen in meiner Ehe zu sehen und mich stattdessen mehr auf meinen Glauben an die Verheißungen Gottes konzentrieren."
Mit anderen Worten heißt das: Wir sollen uns so verhalten, als sähen wir die Ergebnisse unserer Gebete bereits. Die Priester mußten sich verhalten, als habe sich das Wasser des Jordans bereits geteilt. Moses Mutter mußte sich verhalten, als lege sie ihr Baby direkt in die Arme einer anderen Frau.
Handeln ist eine der positiven Möglichkeiten, gegen Mutlosigkeit anzukämpfen. Wenn wir nur zu Hause herumsitzen und uns mit unseren eigenen Problemen befassen, dann werden wir zu ziemlich langweiligen Menschen. Wenn wir Zeit übrig haben, warum nutzen wir sie dann nicht, um einmal etwas Neues auszuprobieren. Besuchen Sie doch einmal einen Kurs über etwas, das Sie interessiert. Sie sind nie zu alt, um etwas Neues zu lernen. Obwohl ich nicht gerade zu den Gesundheitsfanatikern gehöre, mache ich seit einiger Zeit bei schönem Wetter lange Spaziergänge. Bei schlechtem Wetter gehe ich schwimmen oder mache Gymnastik. Vor ein paar Jahren habe ich meinen Flugschein gemacht. Meine Familie weiß nie, was ich mir als nächstes einfallen lasse, aber sie hat gelernt, mit dem Unerwarteten zu rechnen – und ich kann mich des Eindrucks nicht erwehren, daß sie insgeheim auch noch Spaß daran hat. Ich weiß, daß mein Mann gerne in meiner Nähe ist, wenn ich etwas Interessantes tue. Ich kann mir nicht vorstellen, daß Jesus taten-

los herumsaß und ungeduldig mit den Fingern auf der Tischplatte trommelte, während er darauf wartete, daß der Vater handelte. Die Bibel berichtet, daß Jesus aktiv an den Angelegenheiten seines Vaters beteiligt war, seit er zwölf Jahre alt war (Lk 2,49). Eines der Versprechen, daß Gott uns helfen wird, steht im 2 Petrus 3,9: „Der Herr verzögert nicht die Verheißung, wie es etliche für eine Verzögerung halten; sondern er hat Geduld mit euch und will nicht, daß jemand verloren werde, sondern daß sich jedermann zur Buße kehre." Wenn ich anfange zu zweifeln und denke: „Es wird sich nie etwas ändern!", dann werde ich daran erinnert, daß alles nach dem Zeitplan Gottes geschieht und nicht nach meinem. Was können wir aber *tun*, während wir auf den Augenblick warten, den Gott gewählt hat? Wir können gegen unsere Zweifel angehen und unsere Hoffnung pflegen. Wir können unser Handeln aus dem Glauben heraus fortsetzen, und darüber hinaus können wir noch den Weg der Liebe hinzufügen. „Nun aber bleibt Glaube, Hoffnung, Liebe, diese drei; die größte aber von diesen ist die Liebe. (1 Kor 13,13). Der Weg der Liebe gibt unserem Leben eine neue Perspektive. Da ist Gottes Liebe zu uns. „Denn also hat Gott die Welt geliebt, daß er seinen eingebornen Sohn gab, auf daß alle, die an ihn glauben, nicht verloren werden, sondern das ewige Leben haben." (Joh 3,16). Und da ist unsere Liebe zu Gott: „Jesus sprach zu ihm: Du sollst den Herrn, deinen Gott, lieben mit ganzem Herzen, mit ganzer Seele und mit deinem ganzen Gemüt." (Mt 22,37). Wenn diese Liebe zwischen Gott und den Menschen in den richtigen Bahnen verläuft, dann kommt sie auch anderen Menschen gegenüber zum Ausdruck. Jesus hat den Menschen ein neues Gebot gegeben, in dem es heißt: „. . . daß ihr einander liebet; daß wie ich euch geliebt habe, auch ihr einander liebet." (Joh 13,34). Im 1 Korinther 13 werden uns Möglichkeiten aufgezeigt, wie wir die Liebe Gottes ausdrükken können: „Sie ist langmütig und gütig, sie erträgt alles, sie glaubt alles, sie duldet alles." (Vers 7). Wir sollten viel Zeit und Mühe darauf verwenden, den Ungläubigen „trotzdem" zu lieben. Es kann sein, daß wir weder seine Art zu leben, noch die Dinge, die er tut, lieben können, aber wir sollen den Menschen lieben. Erinnern Sie sich daran: Gott hat uns geliebt, bevor wir ihn in unser Leben ließen. Und er liebte uns trotz all der Dinge, die wir falsch machten. Können wir uns da einen geringeren Anspruch leisten?

1. Was werden Sie an Ihren Gebeten für Ihren Mann ändern?
2. Wie wäre die Haltung Jesu in Ihrer gegenwärtigen Situation?
3. Wenn Sie während der langen Wartezeit auf den Zeitpunkt Gottes mutlos geworden sind, welche mutmachenden Verheißungen Gottes können Sie dann aufzählen?
4. Was sollten Sie *tun*, um ein stärkeres Selbstwertgefühl zu bekommen?
5. Berufen Sie sich auf folgende Bibelstelle:
„Lasset uns festhalten am Bekenntnis der Hoffnung, ohne zu wanken – denn er ist treu, der die Verheißung gegeben hat." (Heb 10,23)

10. Mit Liebe

> *„Wem eine tüchtige Frau beschert ist, die ist viel edler als die köstlichsten Perlen." (Spr 31,10)*

Nachdem wir im letzten Kapitel besprochen haben, welche positiven Auswirkungen es hat, wenn wir alles mit

Liebe tun (1 Kor 16,14), sollten wir uns jetzt vielleicht noch ein wenig genauer ansehen, wie der „Weg der Liebe“ aussieht. Der Verfasser der Sprüche in der Bibel hat eine wunderschöne Beschreibung der tüchtigen Hausfrau gemacht. Wenn wir uns einmal die Verse 10–31 sorgfältig durchlesen, dann können wir neue Wege zur Erfüllung unserer Rolle als christliche Ehefrau erkennen. Auf den ersten Blick scheint das, was diese Frau alles tut, und wie sie sich verhält, einfach unglaublich. Man müßte schon eine Superfrau sein, um all das zu schaffen, was da geschildert wird. Dieses Mädchen ist eine emsige Hausfrau, die schon vor Sonnenaufgang auf den Beinen ist, um der ganzen Familie das Frühstück zu machen und auch die Angestellten zu versorgen. Dann macht sie sich auf den Weg zum Markt, wo sie für ihre Lieben allerlei Köstlichkeiten besorgt. Dabei sind sogar importierte Delikatessen. Vielleicht ruht sie sich danach ein wenig aus, indem sie kaputte Kleidung repariert. Zwischendurch kauft sie dann noch einen Acker von ihren eigenen Ersparnissen und kümmert sich höchstpersönlich um die Arbeiten auf diesem Acker, damit ganz sicher ist, daß zum Winter genügend Vorräte vorhanden sind. Nach dem Mittagessen schaut diese Frau überall in Haus und Hof nach dem Rechten. Wenn das erledigt ist, kommt sie zu ihren Wohltätigkeitsaktivitäten. Sie vergewissert sich selbst, ob für die Bedürftigen ausreichend gesorgt ist. Dann geht sie wieder nach Hause und fertigt für die ganze Familie Kleidung an. Sie produziert aber gleich etwas mehr als gebraucht wird, denn einen Teil davon verkauft sie, um das Familieneinkommen aufzubessern. Die ganze Familie ist stolz auf sie. Sie macht immer einen würdigen Eindruck und hat keine Angst vor der Zukunft. Sie sieht ihr optimistisch entgegen, weil sie weiß, sie tut ihr Bestes, um der Familie und dem Mann ein solides Vorratsfundament zu schaffen.

Das Rezept ihres Erfolges behält sie aber nicht für sich, sondern gibt es freundlich weiter, damit auch andere Anteil haben an dem, was Gott sie gelehrt hat. Sie hat keine Zeit für Müßiggang und Tratsch. Wenn es Zeit zum Abendessen ist, kommt sie nach Hause und macht vor der Nachtruhe noch einen Rundgang um zu sehen, ob alles in Ordnung ist. Dann setzt sie sich aber nach dem Essen noch hin und geht ihrem Hobby, dem Weben und Spinnen, nach.

Ich bin sicher, daß sie nach einem solchen Tag erschöpft ins Bett sinkt, und einen gesunden Schlaf schläft, um am nächsten Morgen wieder vor Sonnenaufgang springlebendig aus dem Bett zu kommen und von neuem mit der Arbeit zu beginnen.

Als ich diese Beschreibung zum ersten Mal las, da konnte ich mir einfach nicht vorstellen, daß es so eine Frau wirklich geben könnte. Ich fragte mich, ob sie denn nie ausruhen müßte oder einfach einmal etwas nur aus Spaß machen. Als ich mir aber dann den Text noch einmal genauer anschaute (besonders Vers 13), da verstand ich, daß diese Frau glücklich ist, *weil* sie all diese Aufgaben hat. Es macht ihr Spaß. Ich weiß ja auch von mir selbst, wie zufrieden es mich macht, wenn alles, was ich tue, gut getan ist. Aber wohl die größte Freude, die eine Frau haben kann, steht in den letzten vier Versen. Ihre Kinder lieben sie und zeigen das auch. Und welche Frau findet es nicht schön, wenn ihr Mann sagt, sie sei die beste Frau der Welt? Aber das ist noch nicht alles, denn die Bibel berichtet weiter, daß die Frau in aller Öffentlichkeit von den Menschen gelobt wird für all das, was sie tut. Vers 30 nennt den Grund dafür: „Ein Weib, das den Herrn fürchtet, soll man loben." Ich würde ziemlich alles tun, um so gelobt zu werden wie sie. Sicher tun wir unsere Arbeit nicht, um so gelobt zu werden, aber es läßt sich nicht leugnen, daß Lob uns sehr beflügeln kann. Die Liebe und das Lob meiner Kinder, zusammen mit dem Stolz meines Mannes wären ein Antrieb für mich, der mir eine lange Zeit auch harter Arbeit ermöglichen würde. Und genau daraus entspringt der Kreislauf, der bei der Superfrau aus den Sprüchen zum Vorschein kommt. Arbeit, die gelobt wird, und Lob, das Energie für weitere Arbeit freisetzt. Als Frauen müssen wir immer irgendetwas zu tun haben – so hat Gott uns einfach geschaffen. Es ist aber außerordentlich wichtig, daß dieses Beschäftigtsein einer gewissen Kontrolle unterliegt, denn ganz entscheidend ist, womit wir uns beschäftigen. Auch mit Müßiggang kann man sich beschäftigen. Wir tun dann zwar etwas, aber das Tun ist nicht auf ein Ziel gerichtet. Wir bewegen uns in all unserer Geschäftigkeit auf der Stelle. Und dadurch veranlassen wir unsere Kinder oder unseren Mann sicherlich nicht zu einem Lob. Deshalb wird durch solch ziellose Geschäftigkeit unsere Energie verschwendet und nicht erneuert.

Betty ist ein Energiebündel. Sie kann nicht eine Minute lang stillsitzen. Sie spielt Orgel für den Kirchenchor, ist Mitglied in mehreren kirchlichen Frauenorganisationen und nimmt immer gerade an irgendeinem Kursus teil. Wenn man sie zu Hause erreichen will, ist das meistens vergeblich. Oft kommen ihr Mann und ihre Kinder nach Hause, das Frühstücksgeschirr steht noch schmutzig in der Spüle und auf dem Tisch liegt ein Zettel, auf dem steht: „Essen zum Aufwärmen ist im Kühlschrank. Weiß noch nicht, wann ich zurück bin. In Liebe, Mutti!"

„In Liebe, Mutti" ... Wo wird die Liebe einer Mutter deutlich, die nie zu Hause ist? Natürlich gibt es für jede von uns immer wieder einmal Situationen, die es erfordern, daß wir längere Zeit von zu Hause weg sind. Aber bei Betty und vielen anderen Frauen ist das der Normalfall. Sie sind so damit beschäftigt, immer beschäftigt zu sein, daß sie darüber ihre wichtigste Aufgabe vernachläs-

sigen, nämlich Hausfrau und Mutter zu sein. In Sprüche 31,30 werden wir daran erinnert: „... ein Weib, das den Herrn fürchtet, soll man loben." Wenn wir das Lob wollen, das uns mit neuer Energie versorgt, dann müssen wir Gott an die erste Stelle in unserem Leben setzen. Wenn er den wichtigsten Platz in unserem Leben einnimmt, dann können wir unseren verschiedenen Aufgaben und Beschäftigungen nachgehen, u. z. in der Sicherheit, daß er uns sagt, wie wir unsere Zeit am besten einteilen und nutzen können.
Für eine Frau, die mit einem Nichtchristen verheiratet ist, ist es ganz besonders schwierig, die Zeit richtig einzuteilen. Wenn sie so sehr damit beschäftigt ist, Gutes für andere zu tun, daß sie darüber ihren Ehemann und den Haushalt vernachlässigt, dann wirft das ein schlechtes Licht auf ihr Christsein. Und ihr Mann wird all die „guten Taten" als etwas betrachten, das die Ehe zerstört. Wenn wir uns all diese Faktoren noch einmal bewußt gemacht haben, dann können wir noch einmal auf die Frau aus den Sprüchen zurückkommen, um uns Möglichkeiten anzuschauen, wie wir auf liebevolle Art und Weise die Frau werden können, die er braucht. Was können wir tun, um eine Ehefrau, Hausfrau und Mutter zu werden, wie sie es ist? Vielleicht können wir anfangen, indem wir den Tagesablauf der tüchtigen Hausfrau einmal etwas genauer betrachten. Man kann drei Aufgabenbereiche sehen: Versorgung, Familie, Vergnügen.
Wenn ein Mann Hunger hat, dann verliert alles andere, was wir für ihn tun könnten an Bedeutung. Die tüchtige Hausfrau aus den Sprüchen gibt ihrer Familie aber nicht nur zu Essen, sondern sie bemüht sich überdies, etwas ganz Besonderes auf den Tisch zu bringen. Dafür scheut sie nicht die Mühe, sich zum Markt zu begeben und nach Spezialitäten, auch aus fremden Ländern, Ausschau zu halten (V 14). Mein Mann ist deutsch-russischer Abstam-

mung, und er liebt Gerichte, wie sie seine Großmutter kochte. Wenn ich ihm eine besondere Freude machen will, dann backe ich ihm knuspriges Roggenbrot oder Windbeutel. Das sind Speisen, die man nicht als Fertiggerichte im Supermarkt kaufen kann. Es kostet Zeit und Mühe, sie selbst zuzubereiten. Aber das Lob, das ich dann von meinem Mann bekomme, ist all die Zeit und all die Mühe wert. Und Sie können mir glauben, ich investiere beides immer wieder. Dasselbe gilt aber für die ganze Familie. Als unsere Tochter in der Gemeinde ihr neues Kleid vorführte und sagte: „Das hat meine Mutter genäht!", da bin ich vor Stolz fast geplatzt. Ich nähe nicht so oft für sie wie ich eigentlich sollte, aber ich habe gelernt, daß man auch einen Einkaufsbummel zu etwas ganz Besonderem machen kann. Es ist gar nicht so sehr der Zweck, der entscheidend ist, sondern die Liebe, die dahintersteckt. „Das hat meine Mutter gemacht" – gilt auch für die Zeit, die Sie sich nehmen, um mit Ihrer Tochter über eine neue Frisur zu sprechen oder in X Bücherläden herumzustöbern, um für Ihren Sohn ein ganz bestimmtes Buch über Motorräder zu finden. Das Ergebnis ist dasselbe.

Wenn Ihr Mann nach der Arbeit in eine aufgeräumte, saubere Wohnung kommt und dort zufriedene Kinder und eine liebenswerte Frau vorfindet, dann haben Sie ihn schon für sich gewonnen. Und wo wir schon einmal beim Begriff liebenswert sind – wenn Sie sich selbst auch ab und zu einmal ein Vergnügen gönnen, dann macht Sie das nur noch liebenswerter.

Unsere „tüchtige Hausfrau" hatte auch etwas, das ihr Spaß machte (V 13). Wenn uns etwas Spaß macht, dann ist Glanz in unseren Augen, wir bekommen rote Wangen und sehen vergnügt aus. Und das alles zusammen macht uns eben liebenswerter. Für uns Frauen ist es sehr wichtig, daß wir etwas haben, was uns wirklich Spaß macht.

Solange unser Vergnügen im richtigen Verhältnis zu unseren Verpflichtungen steht, ist es etwas, das unserem Leben Würze gibt und dadurch unsere Persönlichkeit stärkt.
Aber nicht nur unser eigenes Vergnügen ist wichtig. Wir sind auch dafür verantwortlich, daß unsere Familie sich genug Zeit fürs Vergnügen nimmt. Wie wäre es denn, wenn Sie ab und zu einmal etwas mit der ganzen Familie unternehmen, an dem *alle zusammen* Spaß haben? Wir zum Beispiel, spielen alle gerne Minigolf. Dabei können wir – alle zusammen – so richtig verrückt sein. Und wenn mein Mann ein Gocart besteigt, dann verwandelt er sich in einen dreizehnjährigen Jungen. Wann sind Sie das letzte Mal mit Ihrer Familie auf dem Fußballplatz gewesen? Um einen gemütlichen Abend zu Hause zu gestalten, gibt es hunderte von Spielen für jede Altersgruppe. Unser Land ist nahezu übersättigt mit Freizeitangeboten. Es kann doch nicht so schwer sein, daraus etwas Passendes für Ihre Familie auszuwählen. Wenn Sie sich an der Frau aus den Sprüchen orientieren, dann kann es passieren, daß Sie zu einem ganz neuen Lebensstil kommen. Beginnen Sie jeden Tag mit einem Gespräch mit Gott, denn das gibt Ihnen Kraft. Wenn Sie danach Ihren Tag planen, dann denken Sie daran, auch die Zeit für das Vergnügen mit einzuplanen. Verändern Sie Ihren Tagesablauf, indem Sie nicht nur geschäftig, sondern wirklich produktiv sind. Es ist nicht leicht, alte Gewohnheiten abzulegen, aber Gott hilft dabei.

1. Auf welche Weise können Sie Ihrem Mann zeigen, daß Sie ihn lieben?
2. Was würde Jesus zu Ihrem derzeitigen Tagesablauf sagen?
3. Welche Bibelstellen bieten Ihnen ein Beispiel, an dem Sie sich orientieren können?

4. Was sollten Sie an Ihrer Einstellung zur Zeiteinteilung ändern?
5. Was genau könnten Sie heute tun, um Ihrem Leben mehr Ausgeglichenheit zu verleihen (Was könnten Sie Besonderes kochen? Womit könnten Sie Ihrer Familie eine Freude machen?)
6. Berufen Sie sich auf folgende Bibelstelle:
„Darum seid fest und unbeweglich und nehmet immer zu in dem Werk des Herrn, weil ihr wisset, daß eure Arbeit nicht vergeblich ist in dem Herrn." (1 Kor 15,58)

11. Der Machtkampf

> *„Desgleichen sollt ihr Frauen euren Männern untertan sein, auf daß auch die, die nicht glauben an das Wort, durch der Frauen Wandel ohne Worte gewonnen werden, wenn sie sehen, wie ihr in Reinheit und Gottesfurcht wandelt." (1 Petr 3,1–2)*

Unterordnung! Wie mich dieses Wort anwiderte. Und trotzdem, da stand es, schwarz auf weiß – in der Heiligen Schrift. Ich konnte das nicht einfach übergehen. Die Bibel sagt es mehr als einmal: „Ihr Frauen, seid euren Männern untertan." Aber warum sollte ich mich ihm unterordnen? Schließlich bin ich doch auf dem *richtigen Weg*. In unserer Situation sollte eigentlich er mir folgen.
In der heutigen modernen Gesellschaft, in der Frauen verantwortungsvolle Positionen im Beruf und auch zu Hause einnehmen, da ist es schwierig, blinden Gehorsam zu akzeptieren. Ich glaube aber nicht, daß Gott blinden Gehorsam von uns verlangt. Vielleicht könnte man es eher als „liebende Unterordnung" bezeichnen. „Liebende Unterordnung" heißt, daß die christliche Ehefrau

ihren Platz an der Seite und unter der Leitung ihres Ehemannes sieht (1 Kor 11,3), egal, ob er nun Christ ist oder nicht. Sie weiß, daß Gott in der Lage ist, ihren Mann als Werkzeug zu gebrauchen und durch ihn wichtige Entscheidungen für die Familie zu treffen. Sie wird friedfertig ihre Meinung äußern und danach ihrem Mann die endgültige Entscheidung überlassen. Ob diese nun richtig ist oder falsch, sie verläßt sich darauf, daß Gott durch ihren Mann wirkt. Immer wenn zwei Menschen um die Vorherrschaft in ihrer Beziehung konkurrieren, dann wird daraus ein Machtkampf. Und in einem Machtkampf gibt es nie Gewinner. Natürlich kann es darauf hinauslaufen, daß einer seinen Willen bekommt oder den anderen beherrscht, aber es gibt keinen wirklichen Gewinner. Der Verlierer ordnet sich zwar in der Regel nach außen hin unter, aber innerlich rebelliert er. Und diese innere Rebellion bereitet dann die Grundlage für den nächsten Machtkampf vor. Für jede christliche Ehefrau ist es außerordentlich wichtig, sich nicht auf diesen Machtkampf mit dem Ehemann einzulassen. Wenn wir genau wissen, wo Gott die Grenzen zwischen seinem Willen und der Unterordnung dem Mann gegenüber gezogen hat, dann sind die Bereiche, in denen wir uns unterordnen sollen, klar umrissen. Gott ist derjenige, der diese Grenzen steckt. Wenn wir uns nun innerhalb dieser Grenzen bewegen, dann sind wir Gott gehorsam. Und dadurch ist das Problem eines Machtkampfes aus der Welt geschafft. Das macht uns innerlich frei, denn wir stehen mit Gott im Einklang.

Lassen Sie uns noch einen etwas genaueren Blick auf die Grenzen werfen. Die offensichtlichste Grenze besteht darin, daß wir Gott gehorchen sollen und nicht den Menschen (Apg 5,29). Eine andere Grenze zeigt, daß wir unseren Körper nicht der Sünde hingeben sollen (Röm 6,13).

Wenn wir uns dieser beiden Grenzen bewußt sind und uns daran halten, dann brauchen wir uns keine Sorgen darüber zu machen, daß Gott von uns Gehorsam dem Ehemann gegenüber verlangt, auch wenn dieser uns zur Sünde auffordert. Vielleicht klingt es für Sie lächerlich, daß ein Mann seine Frau auffordern könnte zu sündigen, aber es gibt Extremsituationen, in denen das möglich ist. Wenn wir aufgefordert werden, die Gebote Gottes zu brechen, dann gilt unser Gehorsam nicht mehr dem Ehemann, sondern Gott.

Die einzige Möglichkeit, etwas über die Grenzen zu erfahren, dic Gott uns gesetzt hat, besteht darin, daß wir die Bibel fragen. Danach kann jeder für sich eine Liste der unerlaubten und der erlaubten Dinge anfertigen. Wenn Sie zum Beispiel von Ihrem Mann aufgefordert würden, ihm dabei zu helfen, einen Mord zu begehen, dann wüßten Sie, ohne lange nachdenken zu müssen, daß Gott es verbietet, jemanden zu töten. Aber was würden Sie tun, wenn Ihr Mann Sie aufforderte, eine falsche Steuererklärung zu unterschreiben? Gott sagt: „Du sollst nicht lügen." Und wie würden Sie sich verhalten, wenn Ihr Mann Sie bitten würde: „Wenn mein Chef anruft und sagt, ich muß Überstunden machen, dann sage ihm, ich bin nicht zu Hause!"? Diese Fragen sind nicht leicht zu beantworten, und für viele Frauen, die mit Nichtchristen verheiratet sind, werden sie zu echten Problemen. Für *jede* schwierige Situation gibt es eine Lösung. Entweder man kommt vorher aus ihr heraus oder man geht hindurch. „Es hat euch noch keine, denn menschliche Versuchung getroffen. Aber Gott ist getreu, der euch nicht läßt versuchen über euer Vermögen, sondern macht, daß die Versuchung so ein Ende gewinne, daß ihr's könnt ertragen." (1 Kor 10,13). Wenn wir beten, und unsere Bibel gründlich und regelmäßig lesen, dann zeigt Gott uns Wege, die wir mit unseren ganz speziellen Schwierigkeiten gehen können. Wenn wir nun das alles als Rahmen für unser Verhalten betrachten, wie sollen wir uns dann in weniger schwerwiegenden Fragen verhalten? Darauf gibt es nur eine ganz klare Antwort: *Ordnen Sie sich unter!*

Lonni wollte gerne an einer christlichen Veranstaltung teilnehmen, die auswärts stattfand, aber ihr Mann sagte: „Nein, ich möchte nicht, daß du gehst." Für Lonni war diese Veranstaltung aber sehr wichtig, und sie hatte sich schon lange gewünscht, daran teilnehmen zu können. Ihr Mann aber stand wie eine Wand zwischen ihr und der Erfüllung ihres Wunsches. Zuerst wollte sie trotzdem gehen. „Wir leben ja schließlich in einem freien Land – oder?" Aber irgendwie brachte sie es dann doch nicht fertig; sie hatte Schuldgefühle. Die Stimmung zwischen Lonni und ihrem Mann wurde immer feindseliger. Schließlich, nachdem sie lange für eine Lösung des Problems gebetet hatte, beschloß sie, offen mit ihrem Mann zu sprechen. Sie wollte wissen, warum er sie nicht gehen lassen wollte. Es konnten weder finanzielle Gründe sein, noch konnte es etwas mit dem Haushalt zu tun haben, denn sie hatte alles vorbereitet für die Zeit, in der sie nicht zu Hause sein würde. Die ablehnende Haltung ihres Mannes mußte also einen tieferen Grund haben.

Liebevoll und ohne Tränen oder hitzige Vorwürfe und Beschuldigungen begann Lonni, ihren Mann nach seinen Gründen zu fragen. Als das Gespräch zu Ende war, wußte sie, daß er ihre Aktivität fürchtete, in dem, was er „die Kirche" nannte. Jede neue Aktivität bedeutete für ihn eine Bedrohung seines Einflusses auf seine Frau. In Wirklichkeit hatte er ganz einfach Angst, sie zu verlieren. Als Lonni begriff, was dieses Treffen für ihren Mann bedeutete, entschied sie sich, zu Hause zu bleiben. Aber sie empfand dabei nicht mehr Selbstmitleid oder Bitterkeit darüber, daß ihr Mann diesen „Kampf“ gewonnen hatte. Vielmehr betrachtete sie ihre Entscheidung als Ausdruck ihrer Liebe. Unter dem neuen Eindruck hatte die Veranstaltung plötzlich sehr viel von ihrem Reiz verloren. Als Christ war es für sie jetzt wichtiger, ihrem Mann ganz deutlich zu zeigen, daß er die Hauptperson in ihrem Leben war. Ihr Gehorsam entsprang jetzt einer liebevollen Unterordnung, und es gab keinen Machtkampf mehr. Wohl nicht jeder Mann kann, so wie Lonnis, die Gründe für seine Ablehnung bestimmter Aktivitäten seiner Frau nennen, oft selbst dann nicht, wenn er es möchte. Vielleicht gehört Ihr Mann auch zu denen, die ihre Gründe gar nicht nennen wollen. Aber egal, was auf Ihren Mann zutrifft, als Ehefrau haben Sie die Aufgabe, hinter die Fassade einer solchen offenen Konfrontation zu schauen. Es ist sehr wichtig, seine Grundbedürfnisse zu erkennen, und genau dabei können wir Jesus um Hilfe bitten. In Römer 5 steht: „Denn die Liebe Gottes ist ausgegossen in unsere Herzen durch den Heiligen Geist, welcher uns gegeben ist.“ Mit Hilfe der sanften Stimme des Heiligen Geistes, die zu unseren Herzen spricht, können wir nach besseren Verständigungsmöglichkeiten mit unserem Partner suchen. Wir können dabei auch die besondere Feinfühligkeit einsetzen, die Gott uns Frauen gegeben hat. Mit ihrer Hilfe können wir sehen, ab wann wir unseren Mann mit unseren Aktivitäten unnötig verärgern. Es gibt so viele Bereiche, in denen wir unseren Standpunkt wirklich hartnäckig vertreten müssen – wenn es zum Beispiel um das geistliche Wachstum unserer Kinder geht oder um unser Bedürfnis nach mindestens einem Gottesdienstbesuch pro Woche. Warum also sollten wir unsere kostbare Energie auf solche Kleinigkeiten verschwenden? Wäre es nicht viel sinnvoller, auf die Stimme Gottes zu hören und seine Weisheit in Anspruch zu nehmen, damit wir unsere Probleme bewältigen können

(1 Kor 2,12–13)? Manchmal, wenn überhaupt nichts nach unseren Vorstellungen verläuft, dann neigen wir dazu, unseren eigenen Gefühlen und Empfindungen eher zu folgen, als nach einer Lösung Ausschau zu halten, die Gott für uns bereithält. Der Apostel Paulus sagte dazu: „Darum lasset uns dem nachstreben, was zum Frieden dient und zur Auferbauung untereinander." (Röm 14,19). Weil ich ein sehr eigenwilliger Mensch bin, muß ich mich immer wieder selbst daran erinnern, daß nicht *ich* das Sagen habe. Dazu sagt Paulus: „Ich lasse euch aber wissen, daß Christus ist eines jeden Mannes Haupt; der Mann aber ist des Weibes Haupt; Gott aber ist Christi Haupt." (1 Kor 11,3). Genau so will Gott es haben. Nur wenn die Entscheidungen meines Mannes nicht mit dem Gebot Gottes zu vereinbaren sind, brauche ich mich ihnen nicht mehr unterzuordnen. Das bedeutet nicht, daß ich passiv sein und bleiben muß. Im Gegenteil, ich sage oft, was ich meine – vielleicht zu oft. Aber mein Mann legt Wert auf meine Meinung. Es kommt sehr darauf an, *wie* ich diese Meinung zum Ausdruck bringe. Paulus erinnert uns daran, daß unser Reden heilig sein soll (2 Petr 3,11).
Ich lerne, mir wirklich Mühe zu geben, endgültige Entscheidungen meinem Mann, also letztendlich Gott zu überlassen.

1. Wenn Sie mit Ihrem Mann einen Machtkampf austragen, wie können Sie ihm gerade in der Situation die Liebe Gottes zeigen?
2. Wie wäre die Haltung Jesu in dieser Frage?
3. Welche Bibelstelle gibt Ihnen ein Beispiel, an dem Sie sich orientieren können?
4. Was sollten Sie an sich persönlich ändern?
5. Was konkret müßten Sie tun, um einen bestehenden Machtkampf zu beenden und zukünftige zu vermeiden?

6. Berufen Sie sich auf folgende Bibelstelle: „Denn der Heilige Geist wird euch in derselben Stunde lehren, was ihr sagen sollt.“ (Lk 12,12)

12. Die Kunst der Verständigung

„Herr, behüte meinen Mund und bewahre meine Lippen.“ (Ps 141,3)

„Ich habe Jim schon so oft gesagt, er soll mit mir in den Gottesdienst gehen.“ Terri spielte nervös mit den Kuchenkrümeln auf ihrem Teller. „Ich weiß nicht, wie oft ich ihm schon gesagt habe, daß er Christ werden soll, aber er hört einfach nicht auf mich.“ Terris Mann Jim war ein ganz normaler Mann, ohne besondere schlechte Angewohnheiten. Ich kann mir gut vorstellen, wie er auf dieses Gedrängel seiner Frau reagierte. Er war ein guter Ehemann und sorgte gut für seine Familie. Warum also sollte er sich ändern? Er betrachtete die Haltung seiner Frau als ungerechtfertigte Kritik. Im Laufe der Jahre war Terris dauerndes Drängeln, daß ihr Mann doch endlich Christ werden solle, zu einem ständigen Streitauslöser geworden.

Die Art, in der er alles Reden Terris von sich wies, zeigte ganz deutlich, daß sie ihn nicht zur Seligkeit würde reden können. Ob Sie nun im wörtlichen Sinne predigen, ob Sie ihm fromme Kassetten vorspielen, wenn Sie ganz genau wissen, daß er das nicht mag, oder ob Sie überall in der Wohnung christliche Bücher herumliegen lassen – es handelt sich dabei um geistliches Drängeln. Und das einzige, was Sie damit erreichen können, ist, daß Ihr Mann eine negative Haltung Ihnen gegenüber einnimmt – und auch Gott gegenüber. Ihr

Mann wird den Eindruck haben, daß Sie bei einem Frömmigkeitswettbewerb mitmachen.
Wir müssen wirklich behutsam vorgehen, wenn wir uns verständigen wollen. Unser Partner hört mehr als nur das gesprochene Wort. Unser Verhalten, unsere Stimmlage, unsere Gestik und Mimik können mehr ausdrücken als alle Worte.
Die Frau von Hiob war allem Anschein nach eine Frau, die ewig nörgelte. Sie hatte weder Mitleid mit ihrem Mann, noch tröstete sie ihn – sondern sie sagte ihm zu allem Überfluß auch noch, was er tun sollte. „Da sprach sein Weib zu ihm: ‚Hältst du noch fest an deiner Vollkommenheit? Sage dich los von Gott und stirb.'" (Hiob 2,9). Armer Hiob, keiner verstand ihn, nicht einmal seine eigene Frau. Und trotzdem finden wir in dieser Passage der Hiob-Geschichte ein paar wichtige Hinweise auf die Kunst der Kommunikation. Als am Anfang der Tragödie Hiobs Freunde ihn besuchten, stellten sie fest, daß es einfach nichts zu sagen gab zu dem, was Hiob durchmachte. „Und saßen mit ihm auf der Erde sieben Tage und sieben Nächte und redeten nichts mit ihm, denn sie sahen, daß sein Schmerz sehr groß war." (Hiob 2,13). Sie sagten kein einziges Wort und dennoch machten sie sich verständlich. Manche Dinge kann man einfach besser zeigen als sagen. Dazu gehört auch die Liebe. Wenn wir auch ab und zu gerne hören, daß wir geliebt sind, so kann diese tiefe Empfindung doch besser im Verhalten ausgedrückt werden. Durch unser Verhalten zeigen wir aber nicht nur unsere Liebe zu unserem Mann, sondern auch unsere Liebe zu Gott. Im Psalm 19 gibt uns Gott ein Beispiel dafür, wie man ohne Worte eine Botschaft vermitteln kann. Der Psalmist beschreibt den Himmel, die Sterne und die Sonne. „Die Himmel erzählen die Ehre Gottes, und die Feste verkündet seiner Hände Werk. Ein Tag sagt es dem anderen und eine Nacht tut's kund der anderen, ohne

Sprache und ohne Worte; unhörbar ist ihre Stimme.“ (Ps 19,2–4). Wir können dem Beispiel Gottes folgen, indem wir überlegen, wann wir reden und wann wir uns besser ruhig verhalten und dadurch unsere Umgebung mit der Liebe Gottes durchdringen. Die Menschen um uns herum brauchen nicht überredet zu werden. Unsere wortlose Demonstration des Alltags mit Jesus sagt mehr als alle Worte (1 Petr 3,1–2). In der Bibel steht, es gibt eine Zeit der Stille und eine Zeit, da sollen wir reden (Pred 3,7). Wir sollen keine stummen Diener sein, aber wir müssen wissen, wie wir uns sowohl in Scharfsinn als auch in Finesse üben können. Es ist mindestens genauso wichtig, *wie* und *wann* wir etwas sagen, wie das, *was* wir sagen.

Auf einer anderen Verständigungsebene sollten Sie ihrem Mann aber auch *sagen*, wie sehr Sie ihn lieben. Sagen Sie ihm ganz offen, wie wichtig er für Sie ist und wie dankbar Sie ihm sind, für alles, was er für Sie und die ganze Familie tut. Sie können dabei auch ruhig einmal auf Einzelheiten eingehen, z. B. „Ich bin so froh darüber, daß du so gut für unsere finanzielle Sicherheit sorgst, und daß du dich um alle Geldangelegenheiten kümmerst.“ Oder: „Manchmal erlebe ich Momente, in denen fühle ich mich unglaublich allein, und dann kommst du zur Tür herein und das Gefühl der Einsamkeit ist wie weggeblasen.“ Es ist gut möglich, daß er dann rot wird und das, was Sie sagen abtut, aber innerlich wird er sich mit Sicherheit freuen.

Ein weiterer Bereich offener Verständigung besteht darin, daß Sie Ihren Mann um sein Einverständnis bitten sollten, bevor Sie etwas planen oder unternehmen. Amy spendete anläßlich einer Haussammlung für ein Missionarsehepaar ein paar Decken und ein wenig Geschirr. Als ihr Mann deshalb böse wurde, sagte sie: „Wir haben die Sachen sowieso nie gebraucht. Warum hätte ich sie also nicht weggeben sollen?“ Das Problem war entstanden, weil sie überhaupt nicht darüber nachgedacht hatte, was wohl ihr Mann zu ihrer Entscheidung sagen würde. Wenn sie ihn vorher gefragt hätte, hätte er sicher zugestimmt. Weil sie ihn aber gar nicht erst fragte, fühlte er sich zurückgesetzt und hatte den Eindruck, daß seine Meinung nicht gefragt sei.

Nicht bei jedem Ehepaar würde es zu solchen Reaktionen kommen, denn in jeder Ehe sind die Kommunikationsbedürfnisse anders. Je mehr die Partner auf einer geistigen Ebene eins werden, desto geringer werden die emotionalen Spannungen in der Beziehung werden. Als Amy merkte, daß sie durch ihr Verhalten ihre Kompetenzen überschritten hatte, entschuldigte sie sich bei ihrem Mann. Und als es noch einmal zu einer ähnlichen Situation kam, fragte sie ihn, bevor sie handelte. Mit dieser „Rückendeckung“ seiner Zustimmung gewann sie neue Freiheit und konnte nun noch mehr geben als vorher – ohne negative Reaktionen ihres Ehemannes. Ihm gefiel es sogar, an ihren Aktivitäten teilzuhaben.

Ihr Mann muß die Sicherheit haben, daß Sie Ihre gemeinsame Intimsphäre wirklich vertraulich behandeln. Ob es nun wahr ist oder nicht, Frauen haben den Ruf, geschwätzig zu sein. Eine Bekannte von mir posaunt manchmal die persönlichsten Belange hinaus, „damit dafür gebetet werden kann!“. Ich bin sicher, ihrem Mann wäre es unglaublich peinlich, wenn er wüßte, was sie alles erzählt und wem. Jeder Mann braucht eine Vertrauensperson, der er wirklich sein Innerstes preisgeben kann. Wenn die Ehefrau ihrem Mann diese Vertrauensperson sein kann, dann kann das die Beziehung auf ganz wunderbare Weise vertiefen. Es erfordert allerdings auch eine Menge Arbeit, eine solche Beziehung aufzubauen. Möglicherweise sollten Sie Ihrem Mann einmal ganz bewußt und offen versprechen, daß Sie über bestimmte

Dinge mit *niemandem* reden. Sie sollten ihn fragen, wenn Sie über eine bestimmte Sache mit einer Vertrauensperson sprechen möchten. Wenn er sich dagegen ausspricht, dann sollten Sie ihm versichern, daß Sie sein Vertrauen nicht mißbrauchen werden. Vertrauen ist ein schmaler Steg, der stabil und stark aber auch schwach und brüchig sein kann. Als Ehefrauen und besonders als Ehefrauen ungläubiger Männer sollten wir es mit dem allergrößten Respekt behandeln. Zu wissen, wann der beste Zeitpunkt ist, mit Ihrem Mann zu sprechen, das ist bereits eine Kunst für sich. Ich habe es mit der Zeit gelernt, meinem Mann anzusehen, in welcher Stimmung er ist. Wenn er nach Hause kommt und ich sehe, daß er einen schweren Tag hatte, dann warte ich lieber einen günstigeren Zeitpunkt ab, um mit ihm über ein Problem zu sprechen. Wenn ich aber irgendetwas sehr Wichtiges wirklich dringend mit ihm besprechen muß, dann bete ich meistens vorher. Dann staune ich immer wieder darüber, wie Gott das Gespräch lenkt, und wie er eine günstige Atmosphäre schafft. Ich muß nur bereit sein, auf den Zeitpunkt zu warten, den Gott bestimmt hat.

Diese Bereitschaft, auf Gott zu warten, ist das Geheimnis des Erfolges einer christlichen Ehefrau. Viel zu oft will ich, daß alles nach *meinen* Vorstellungen verläuft.

Ich rede, wenn ich lieber den Mund halten sollte und predige, statt zu handeln. Aber Gott will, daß ich mich in *allen* Dingen nach ihm richte. Wie oft geschieht es, daß wir unüberlegt etwas sagen und uns hinterher wünschen, wir könnten das Gesagte wieder ungesagt machen. Wenn wir doch nur unsere Absichten und unser gesamtes Denken der reinigenden Kraft Gottes ausliefern könnten, uns blieben wohl unzählige schlimme Situationen erspart. Aber um sich Jesus wirklich ganz und gar mit allen Lebensbereichen auszuliefern, sind Charakterstärke, Selbstkontrolle und Verbindlichkeit nötig. Es erfordert wirklich Stärke, den Mund auch zu halten, wenn man weiß, wie leicht einem Worte entwischen. Wenn wir uns selbst unter Kontrolle haben, und wenn unser inneres Ohr ganz auf die Sprache des Heiligen Geistes ausgerichtet ist, dann können wir erkennen, wann wir reden und wann wir lieber schweigen sollen. Das wichtigste ist aber auch in diesem Bereich, daß wir uns ganz und gar auf Jesus Christus einlassen, daß wir ihn in unserem Leben wirken lassen.

Der Apostel Paulus schrieb an seine Freunde in Rom: „Ich ermahne euch nun, liebe Brüder, durch die Barmherzigkeit Gottes, daß ihr eure Leiber gebet zum Opfer, das da lebendig, heilig und Gott wohlgefällig sei. Das sei euer vernünftiger Gottesdienst." (Röm 12,1). Dazu muß jeder von uns bereit sein. Als Akt der Anbetung sollten wir uns als ganze Person Gott zum Opfer bringen. Wir sollten uns aber daran erinnern, daß dieses Opfer auch unseren Mund beinhaltet. Denn auch das, was wir sagen, sollen wir der reinigenden Kraft Gottes ausliefern.

1. Wie können Sie heute damit beginnen, zusammen mit Ihrem Mann die Kunst der Verständigung zu üben?
2. Was würde Jesus über Ihren Hang zum Drängeln in bezug auf den Glauben sagen?
3. Welche Bibelstellen geben Ihnen hierzu Beispiele, an denen Sie sich orientieren können?
4. Was könnten Sie an Ihrer Grundhaltung verändern, um zu einer besseren Verständigung mit Ihrem Mann zu gelangen?
5. Was könnten Sie jetzt tun, um Gottes Weg zu einer besseren Beziehung zu Ihrem Mann zu beschreiten?
6. Berufen Sie sich auf folgende Bibelstelle: „Laß dir wohlgefallen die Rede meines Mundes und das Gespräch meines Herzens vor dir, Herr, mein Fels und mein Erlöser." (Ps 19,15)

13. Der Geist der Freude

„So ermahne ich euch nun, ich Gefangener in dem Herrn, daß ihr wandelt, wie sich's gebürt eurer Berufung, mit der ihr berufen seid, in aller Demut und Sanftmut, in Geduld; und ertraget einer den anderen in der Liebe und seid fleißig, zu halten die Einigkeit im Geist durch das Band des Friedens." (Eph 4,1–3)

„Ich mach' mir Sorgen!" gestand Laura mir eines Tages. „Ich habe Angst, daß mein Mann eine Frau findet, die ihm besser gefällt als ich." Sorgenvoll blickte sie in den Garderobenspiegel. „Was kann ich nur tun, um ein bißchen hübscher zu werden?"

Ihre Klage erinnerte mich an zwei andere Frauen. Es war in einer Bibelstunde, und in der Diskussion ging es darum, was die einzelnen Teilnehmerinnen gemacht hatten, bevor sie gekommen waren. Die erste der beiden Frauen, an die ich dachte, sagte, sie habe die Stunde vor der Bibelstunde damit verbracht, sich für das Treffen hübsch zu machen. Sie war Ende vierzig und hatte wunderschönes graumeliertes Haar. Ihr Makeup war makellos, ihre Kleidung war modisch und paßte zu ihrem Typ. Wohl jeder Mann hätte sich gerne mit ihr sehen lassen.

Die zweite Frau war so fröhlich, daß sie vor lauter Freude dauernd in die Hände klatschte. „Ich habe gerade eine wunderschöne Zeit allein mit Gott verbracht. Die letzten anderthalb Stunden habe ich in der Bibel gelesen und gebetet." Es lag ein unübersehbarer Glanz in ihren Augen. Aber damit hörte die Schönheit auch auf. Sie hatte wirklich nichts unternommen, um sich für den Abend ein wenig herzurichten. Ihr Haar wirkte zerzaust und ihre Kleidung war zerknittert und schlampig.

Rein äußerlich waren diese beiden Frauen ein krasser Gegensatz. Eine Mischung aus beiden wäre optimal gewesen. Wenn die makellos gekleidete und zurechtgemachte Frau auch noch den Glanz gehabt hätte, den die zweite Frau ausstrahlte, die vor dem Treffen gebetet hatte, dann wäre ihre Erscheinung mehr als perfekt gewesen. Im zweiten Fall war es so, daß das äußere Erscheinungsbild den Glanz der Augen trübte. Es sollte schon eine gewisse Ausgewogenheit zwischen unserer inneren geistlichen Schönheit und dem äußeren Erscheinungsbild bestehen. Egal, was eine Frau tut, wo sie gerade herkommt oder wo sie gerade hingehen will – wenn sie ein negatives Erscheinungsbild oder eine negative Haltung ausdrückt – dann treibt das Menschen von ihr weg, wie ein zu starkes Parfum. Egal, wie geistlich sie ist, das äußere Erscheinungsbild einer Frau ist der erste und dauerhafteste Eindruck, den sie ihrer Umwelt vermittelt. Selbst wenn sie mit Menschen Kontakt hat, die sich persönlich von ihrer geistlichen Tiefe ein Bild machen können, dann ist ihre „Erscheinung“ immer noch eines der ganz wesentlichen Elemente in ihren zwischenmenschlichen Beziehungen.
Die junge Königin Esther war eine Frau, die wußte, wie wichtig ihr Äußeres war. Bei ihrem ersten Zusammentreffen mit den offiziellen Persönlichkeiten im Palast machte sie einen guten Eindruck. „Und die Jungfrau gefiel ihm und sie fand Gunst bei ihm.“ (Est 2,9). Aber sie wußte auch, wie wichtig äußere Schönheit war. Der begonnene Vers lautet weiter: „Und er beeilte sich, ihre Schönheit zu pflegen und ihr genügend Speise zu geben und dazu sieben auserlesene Dienerinnen aus dem Palast des Königs.“ Esther wußte, daß ihr Aussehen bei der ersten Begegnung mit dem König von entscheidender Bedeutung sein würde. Ihr war klar, daß er keine Zeit haben würde herauszufinden, wie gebildet sie war oder welche

Tiefe ihr geistliches Leben hatte. Sie hörte auf die maßgeblichen Leute und hielt sich an deren Rat. „Und Esther fand Gunst bei allen, die sie sahen." (Est 2,15). Ihr weises Verhalten wurde belohnt, denn sie fand die Gnade und Gunst des Königs und er erwählte sie zu seiner Königin (Est 2,17). Aber auch nachdem sie den König für sich gewonnen hatte, hörte sie nicht auf, sich schön zu machen. Auch als ihre geistlichen Werte später aufs äußerste geprüft wurden, vernachlässigte sie ihr Äußeres nicht. Esther hatte drei ganze Tage lang gefastet. Wissen Sie, wie Sie nach drei Tagen fasten aussehen? Ich wirke dann jedenfalls müde und schwach. Aber Esther entschied sich dafür, gerade vor der allerwichtigsten Begegnung ihres Lebens zu fasten. Und es würde eine Begegnung sein, bei der sie nur nach ihrem Äußeren beurteilt werden würde. Es würde keine Gelegenheit geben, dem König zu erklären, daß sie die letzten drei Tage gebetet und gefastet hatte. Also zog sie zu einem Zeitpunkt, zu dem ihr Leben völlig in der Schwebe war, die königlichen Gewänder an.

Gestärkt durch das innere Strahlen aus ihrer Verbindung mit Gott, trat sie vor den König, um ihrem Schicksal zu begegnen. Und Gott belohnte ihr Verhalten. „Und als der König die Königin Esther im Hofe stehen sah, fand sie Gnade vor seinen Augen." (Est 5,2). Der König traf seine Entscheidung, nachdem er sie angesehen hatte.

Der erste Eindruck war also der entscheidende gewesen. Angenommen, Sie müßten in eine fremde Stadt ziehen und suchten jetzt ein Haus, in dem Sie wohnen wollten, dann wäre doch auch der erste Eindruck, den sie hätten, das äußere Erscheinungsbild. Wenn jetzt die Farbe abgeblättert wäre, der Rasen ungepflegt und voller Unkraut und überall läge Abfall herum, dann würden Sie denken: Die Leute hier in der Gegend kümmern sich nicht besonders um ihre Umwelt. Ich wage zu bezweifeln, daß Sie sich nach diesem Eindruck noch die Mühe machen würden, das Haus anzusehen. Dasselbe gilt für den Tempel unseres Leibes. Die Bibel sagt, daß unsere Leiber Tempel des lebendigen Gottes sind (1 Kor 3,16–17). Haben Sie noch nie jemanden sagen hören: „Wenn Christen so aussehen, dann möchte ich keiner sein!"?

Ein übergewichtiger, schlecht gekleideter, schmuddeliger, ungepflegter Christ trägt nicht viel zu der positiven Werbung bei, die wir so nötig brauchen. Ein negatives Erscheinungsbild kann einen außenstehenden Betrachter sogar so sehr abstoßen, daß gar keine Chance mehr besteht, auch den inneren Menschen kennenzulernen. Also lassen Sie es uns klipp und klar sagen: Ob Christ oder nicht, welcher Ehemann möchte in einen chaotischen Haushalt mit schmuddeligen Kindern und einer ungepflegten Frau zurückkommen? (Ihre Entschuldigung? „Ich war den ganzen Tag in der Gemeinde ... habe in der Bibel gelesen ... habe gebetet ... und hatte dann keine Zeit mehr, noch etwas im Haushalt zu tun.") Solche Situationen werden sicherlich nichts dazu beitragen, daß der Ruf der Christen besser wird. Gott ist ein Gott der Ordnung, nicht des Chaos. Denken Sie nur daran, wie methodisch er bei der Schöpfung vorging (1 Mose 1). Von jeher hat er gezeigt, daß er der Gott der Ordnung und der Disziplin ist. Gott sagt uns, daß wir so sein sollen wie er. Deshalb spiegeln wir sein Wesen *nicht* wider, wenn wir keine Kontrolle über uns haben und tratschen, zuviel essen, zuviel Geld ausgeben usw. Und wir spiegeln es auch nicht wider, wenn wir faul, schlampig und ungepflegt sind. Aber selbst wenn Sie ordentlich und diszipliniert sind und sich selbst unter Kontrolle haben, so ist immer noch das Wichtigste der Geist, in dem Sie etwas tun. Alles, was Sie erstreben, kann gelingen oder zerstört werden durch Ihre Einstellung. Die Worte, die Sie sagen, mögen ja richtig sein, aber Ihre Stimme verrät genau, was Sie im Herzen über das Gesagte denken. Sie können Ihrem Mann einen Schlag versetzen, wenn Sie die Worte „Aber natürlich Liebling ...“ in einem ganz bestimmten Tonfall sagen.

„Wenn sich jemand läßt dünken, er diene Gott, und hält seine Zunge nicht im Zaum, sondern betrügt sein Herz, dessen Gottesdienst gilt nichts.“ (Jak 1,26). Jakobus trifft doch immer die empfindlichen Stellen! Eine drängelnde Ehefrau ist bestimmt keine, die ihre Zunge im Zaum hält. Hört sich ein Sonntagmorgen bei Ihnen zu Hause so an?

„Kommst du heute mit zur Kirche? Warum nicht? *Nie* gehst du mit! Wenn du mir helfen würdest, die Kinder anzuziehen, dann bräuchten wir beim Frühstück nicht so zu hetzen.“ Nörgel, nörgel, nörgel! „Ein zänkisches Weib ist wie ein ständig triefendes Dach.“ (Spr 19,13). Welcher Mann möchte wohl mit dieser Frau zur Kirche gehen? Wahrscheinlich wartet er schon darauf, daß sie endlich geht, damit er ein bißchen Ruhe und Frieden hat! „Mit Speck fängt man Mäuse ...“, diese alte Weisheit hat immer noch Gültigkeit.

„Ich bin seit über 44 Jahren mit so einem verheiratet.“ Die grauhaarige Frau neben mir sprach mit großer Härte über ihren ungläubigen Ehemann. Sie schüttelte ihren Kopf und wandte sich von mir ab, und die Verbitterung aus vielen Jahren umgab sie. Diese „Ach-ich-Ärmste-Haltung“, die sie da zeigte, ist leider typisch für viele Frauen, die in derselben Situation sind. Der Geist, den wir ausstrahlen, wird unsere ganze Umgebung durchdringen und auf sie abfärben. Wieviel besser könnte die Atmosphäre sein, wenn wir jeden Tag, jedes Gespräch mit einem Lächeln beginnen würden. Das ist nicht schwer: Ziehen Sie ganz einfach beide Mundwinkel gleichzeitig nach oben. Mit ein wenig Übung können sie das Lächeln dann erweitern, so daß Ihre Augen strahlen

und Ihre Stimme einen warmen Klang bekommt. Und der Lohn dafür werden die Reaktionen derjenigen sein, die die Veränderung bemerken.
Ein Lächeln kann die härtesten Worte „entschärfen“ und über sehr schwierige Situationen hinweghelfen.
Als Christen steht uns die Kraft des Heiligen Geistes zur Verfügung, und ich kann mir einfach nicht vorstellen, daß der Heilige Geist eine „Ach-Ich-Ärmste-Haltung“ oder ein selbstmitleidiges Gejammer bewirken sollte. Vielmehr versichert uns die Bibel: „Die Frucht aber des Geistes ist Liebe, Freude, Friede, Geduld, Freundlichkeit, Gütigkeit, Glaube, Sanftmut, Keuschheit. Wider solche ist das Gesetz nicht.“ (Gal 5,22–23).
Stellen Sie sich nur einmal vor, was diese Fülle von Eigenschaften allein in unseren Familien bedeuten würde. Die gesamte Atmosphäre würde sich ändern. Denken Sie einen Moment lang nur einmal an eine einzige Frucht von all den genannten: *Freude*. Haben Sie schon einmal einen Raum betreten, in dem die Leute lachten? Es dauert gar nicht lange, dann lachen Sie mit, obwohl Sie wahrscheinlich gar nicht wissen, warum die anderen lachen. Lachen ist ansteckend! Und das gilt auch für Freude. Man fühlt sich zu einem Menschen einfach hingezogen, der glücklich ist, oft lächelt, ruhig, friedlich, geduldig und gütig ist.
In Johannes 12,32 steht, daß Jesus sagte: „Und ich, wenn ich erhöht werde von der Erde, so will ich alle zu mir ziehen.“ Wenn wir die Eigenschaften Christi zeigen (erhöhen), dann werden die Menschen von selbst näher dahin kommen, wo sie dem Geist Christi und seiner Botschaft begegnen können.
Der Apostel Paulus erklärte den Christen von Kolossä, daß eben diese Haltung etwas sei, wofür sie sich bewußt entscheiden müßten, etwas, das sie tun, in Aktion umsetzen müßten. „So ziehet nun an als die Auserwählten Gottes, als die Heiligen und Geliebten, herzliches Erbar-

men, Freundlichkeit, Demut, Sanftmut, Geduld; ertraget einander und vergebet einander ... über alles aber ziehet an die Liebe, die da ist das Band der Vollkommenheit." (Kol 3,12–14). Mit dem Geist der Freude, der Freundlichkeit und der Liebe – wer könnte wohl dem Charme einer solchen Frau widerstehen? Alles, was wir tun, und alles, was wir sagen, ist für die, die uns nahe stehen, eine ständige Erinnerung daran: *„Das bedeutet es also, Christ zu sein!"* Werden wir sie zu Jesus ziehen durch den Geist der Freude oder werden wir sie durch Bitterkeit verschrecken? Es liegt an uns.

1. Wie können Sie Ihrem Mann noch heute den wahren Geist der Freude zeigen?
2. Was würde Jesus zu dem Geist sagen, den Sie jetzt ausstrahlen?
3. Welche Bibelstellen können Ihnen hier Orientierung bieten?
4. Was sollten Sie an Ihrer persönlichen Einstellung ändern?
5. Wenn es für Sie nötig wäre, ein paar Kilo abzunehmen, disziplinierter an Ihre Hausarbeit heranzugehen oder sich ein wenig mehr um Ihr Äußeres zu kümmern, wie würden Sie das praktisch anfangen?
6. Berufen Sie sich auf folgende Bibelstelle:
„Die Freude am Herrn ist eure Stärke." (Neh 8,10)

14. Gegen den Wind

„. . . lasset uns ablegen alles, was uns beschwert . . . und lasset uns laufen mit Geduld in dem Kampf, der uns verordnet ist." (Hebr 12,1)

„Aber habe ich denn *überhaupt keine Rechte?*" Irene hatte sich mit dem 3. Kapitel des 1. Petrusbriefes beschäftigt. Frustriert zwirbelte sie eine Haarsträhne um ihren Finger. „Wir leben im 20. Jahrhundert – und wir leben in Amerika. Die Menschen sollen frei sein. Aber diese Verse sollen die Frauen scheinbar wieder in die Sklaverei bringen, aus der sie unter so vielen Kämpfen zu fliehen versucht haben. Wenn ich so leben würde, wie es da in der Bibel steht, dann müßte ich alles verleugnen, wofür meine Vorfahren gekämpft haben . . .!"
Mit einem verständnisvollen Lächeln goß ich ihr noch einmal Kaffee ein. „Ich weiß, wie du dich jetzt fühlst. Es hat auch bei mir Zeiten gegeben, da schrie etwas in mir nach Freiheit. Immer wieder habe ich mich gefragt: Wann werde ich endlich *ich selbst* sein?"
Wir beobachteten beide, wie der Dampf aus den Kaffeetassen stieg, und in Windungen aufwärts stieg, bevor er sich auflöste. „Es scheint so, als ob wir immer von irgend jemandem beherrscht werden müßten", fuhr ich fort. „Als Kinder sind wir den Eltern und Lehrern ausgeliefert, dann beugen wir uns den Wünschen unseres Arbeitgebers und dann glauben wir, wenigstens in der Ehe würden wir ein wenig Freiheit genießen. Aber auch da werden wir am Ende durch unsere Pflichten in Heim und Familie beherrscht." „Selbst die Bibel ist gegen uns!" Irene fingerte an den aufgeschlagenen Seiten ihrer Bibel herum. „Ich finde, daß Gott an diesem Punkt zuviel von uns verlangt."
Es gab Zeiten, da hätte ich Irene Recht gegeben; aber

Zeit, Erfahrung und die Wahrheit, die ich erkannte, indem ich der Bibel folgte, haben meine Meinung geändert. Wie ich schon einmal bemerkt habe, bin ich eine sehr eigenwillige Person. Aber mein Mann ist auch so. Wir haben mehr als einmal „Sitzungen" erlebt, bei denen wir uns „die Köpfe eingerannt" haben. Ich war sicher, daß mein Weg der bessere sei. Ich bemühte mich so sehr, unsere Familie geistlich in die richtige Richtung zu dirigieren, aber es war, als ob ich gegen den Wind rannte. Am Ende war ich erschöpft und hatte unwesentliche oder gar keine Fortschritte gemacht. Wenn Menschen verschiedene Standpunkte vertreten, dann entsteht zwischen ihnen Reibung (1 Tim 6,3–5), und Reibung ist ein Hindernis in dem Kampf, in den Jesus uns schickt. Wie können wir nun die Reibung verschiedener Standpunkte beseitigen? Die Mutter Jesu gibt uns ein hervorragendes Beispiel, dem wir folgen sollten. Maria war von Gott auserwählt! Eine einzigartige Frau. Sie war dazu auserwählt, den Sohn Gottes auszutragen und zur Welt zu bringen. Von *allen* Frauen war sie diejenige, der Gott zutraute, das göttliche Kind aufzuziehen. Jetzt werden Sie denken, daß Maria sicher auch besondere Privilegien verdiente für all das, was sie für Gott tun würde. Sie sollte das Recht haben, ein Leben ohne besondere Probleme zu führen. Aber Maria, die absolut nicht die sanfte Person war, als die sie uns immer dargestellt wird, hatte einen zähen und beharrlichen Charakter. Schon beim ersten Kontakt mit dem Engel Gabriel entschied sie sich dafür, ihre eigenen Rechte erst einmal beiseite zu lassen. Sie äußerte keine Kritik an dem Leben, das Gott von ihr verlangte. Sie verzichtete auf ihr Recht, ein normales Leben zu führen.

„Maria aber sprach: Siehe, ich bin des Herrn Magd; mir geschehe, wie du gesagt hast." (Lk 1,38). Dieser Begriff *Magd* hat dieselbe Bedeutung wie das Wort, das Paulus in

Römer 1,1 gebraucht, als er seine Beziehung zu Jesus beschreibt. Es bedeutet wörtlich, an den Herrn „gebunden" sein. Diese Position konnte freiwillig oder auch unfreiwillig eingenommen werden. Aber wenn es einmal geschehen war, dann hatte der Sklave keine Rechte mehr – *überhaupt keine*. Es erfordert viel Stärke, freiwillig alle Rechte herzugeben. Maria mußte stark und mutig sein. Sie wußte, daß sie die Verachtung ihrer ganzen Familie würde ertragen müssen. Wenn Sie Marias Mutter gewesen wären, hätten Sie dann den Erklärungen geglaubt, die Maria zu ihrer Schwangerschaft abgab? Und später, als sie den Sohn Gottes am Kreuz sterben sah, kam kein Wort gegen Gott über ihre Lippen. Das ist wahre Stärke.

Wenn man Christ ist, dann führt man nicht automatisch ein friedlich-beschaulich-sorgenfreies Leben, wie viele Leute es uns glauben machen wollen. Im Hebräerbrief 12,1 heißt es, daß wir den Weg, den Jesus für uns vorgesehen hat, mit Beharrlichkeit verfolgen sollen. Jeder Läufer wird Ihnen bestätigen, daß es sowohl körperlicher als auch charakterlicher Stärke bedarf, ein Rennen durchzuhalten. Ein Läufer muß bestimmte Rechte aufgeben (d. h. freiwillig auf sie verzichten). Zum Beispiel muß er darauf verzichten, auf der Tribüne zu sitzen, um sich das Rennen anzusehen, oder erst im Morgengrauen ins Bett zu gehen oder massenhaft fette, kalorienreiche Kost zu sich zu nehmen.

Ähnlich ist es, wenn wir uns dafür entscheiden, Jesus Christus nachzufolgen. Wir müssen dann auf alle „Rechte" verzichten, die uns auf diesem Weg hinderlich sind, und die uns möglicherweise zum Stolpern bringen könnten.

„Ich bin Christ, und deshalb habe ich ein Recht darauf, glücklich zu sein." Diese Aussage habe ich schon ziemlich oft gehört. Wahr ist dagegen, daß wir den Auftrag haben, *freudig* zu sein. „Und fröhlich sollen sein in dir, die deinen Namen lieben." (Ps 5,12). Wir sind oft so sehr damit beschäftigt, für unser Glück zu sorgen, daß wir darüber ganz vergessen, was wirkliche Freude ist. Nur die Freude, die wir von Gott empfangen, ist wirklich dauerhaft, trotz der Schwierigkeiten mit Mann und Kindern. Ihr kann von niemandem etwas hinzugefügt oder weggenommen werden. Man kann sie erleben, wenn man den Weg geht, den Gott vorgesehen hat, und nicht den, welchen man sich selbst ausgesucht hat.

Als Irene sagte, Gott verlange zu viel von ihr, da beinhaltete diese Aussage eigentlich auch, daß sie glaubte, auf dem Weg, den Gott für sie vorgesehen hatte, nicht glücklich werden zu können. Sie glaubte, sie könne nur dann glücklich werden, wenn sie nach ihrem eigenen Willen leben konnte.

Als Christen sind wir Sklaven und durch Liebe an Jesus gebunden. Deshalb haben wir uns im Grunde auch bereits dafür entschieden, ihm unsere „persönlichen Rechte" auszuliefern. Kann denn ein Sklave auf seinem Willen bestehen? Jeder von uns bewertet die Dinge seines Lebens mit einem anderen Maßstab. Was für Sie sehr wichtig ist, kann für mich ganz nebensächlich sein. Aber überdenken Sie einmal mit mir zusammen, welche Rechte Sie Jesus ausliefern können?

Könnte diese Liste auch Gefühle enthalten, die Sie im Zusammenhang mit Ihrem ungläubigen Ehemann hegen? Sind Sie böse auf Gott oder verbittert, weil Ihr Mann kein Christ ist (Hebr 12,15)? Oder wie wäre es, wenn Sie das „Recht" auf unbegrenzte Gemeindeaktivitäten ausliefern würden? Haben Sie das Gefühl, daß Gott Sie unfair behandelt?

Manchmal haben wir diesen falschen Gedanken, daß Gott uns Unrecht tut. Wenn wir Jesus unser Leben geschenkt haben und ihm folgen wollen, sollten wir dann nicht auch das Recht haben, unsere Zeit mit all den wun-

derbaren Dingen zu verbringen, die andere Christen auch tun? Die Antwort lautet – Nein!
Lilian läßt ihren Mann sehr oft allein zu Hause. Sie verbringt ihre Zeit mit christlichen Freunden und Aktivitäten. Das ist an sich ja auch nicht falsch, nur sollte der Ehemann Vorrang vor all diesen Aktivitäten haben.
Jesus möchte, daß wir uns ihm ganz ausliefern, damit er uns zu dem Menschen umformen kann, als den er uns eigentlich geplant hatte. Dabei ist es völlig egal, ob unser Ehemann nun Christ ist oder nicht. Wenn Jesus den ersten Platz in unserem Leben einnimmt, dann übergeben wir ihm auch unsere Rechte. Und sein wichtigster Appell an uns ist dann, daß wir unseren Männern liebevoll dienen sollen.
Gott hat für jeden von uns einen anderen Weg. Jeder hat also auch andere Hindernisse auf seinem Weg. Deshalb gibt es keine identischen Lebenswege. Was im Leben des einen gut geht, braucht im Leben des anderen noch lange nicht zu funktionieren. Aber in jedem von uns möchte Gott die guten Anlagen und Eigenschaften weiterentwickeln.
Gottes Plan mit mir besteht *jetzt* darin, daß ich ihm dienen soll, indem ich mit diesem einzigartigen Mann verheiratet bin. Die Schwierigkeiten, die es dabei gibt, sollten mein christliches Leben nicht zerstören, sondern es stärken. Jedesmal, wenn ich „gegen eine Wand renne", in einer Situation oder Umständen bin, an denen ich nichts ändern kann, dann bitte ich Gott darum, *mich* zu ändern. Natürlich wäre es mir lieber, wenn er die Umstände änderte, denn das würde mein Leben erleichtern. Aber wenn er dazu nein sagt, dann ist die einzige Lösung, die bleibt, mich zu ändern und mich der Situation anzupassen.
Ich weiß nicht, wie oft ich schon einen Bibelvers gefunden habe, der zu bestätigen schien, daß ich ein Recht dar-

auf habe, daß Gott mein Gebet beantwortet. Ich berief mich darauf, stürmte den Himmel und bestand darauf, daß Gott meinen Mann ändern solle. Stattdessen hat Gott auf seine liebevolle Art *mich* geändert. Ich habe gelernt, daß ich außerhalb der Abgeschlossenheit der Kirchensphäre mehr ich selbst sein kann – weil *dort* auch mein Mann ist. Wenn ich Gott so nah wie möglich bin, dann wird er mich auch in der Sphäre meines Mannes benutzen können. Dadurch, daß ich mein „Recht" auf mehr Gemeindeaktivitäten Gott ausgeliefert habe, hat er mich an anderen Stellen gesegnet.

Immer, wenn wir ein „Recht" an Gott ausliefern, werden wir innerlich verändert. Daraus entwickeln sich dann ganz neue Eigenschaften. Jesus lieferte seine Rechte aus und entschied sich dafür, den Willen des Vaters zu tun, obwohl er Gottes Sohn war. „Und wiewohl er Sohn war, hat er doch an dem, was er litt, den Gehorsam gelernt." (Hebr 5,8). Nicht nur er entschied sich dafür, sich auszuliefern, sondern auch der Vater hielt es für das Beste. „Denn es ziemte dem, um dessentwillen alles und durch den alles ist, als er viele Kinder zur Herrlichkeit führte, den Anführer ihres Heils durch Leiden zu vollenden." (Hebr 2,10). Dieses Leiden war sein Training; und genau das wollte der Vater von ihm. Denn dadurch war er, als seine Zeit gekommen war, fähig zu beten: „Doch nicht mein, sondern dein Wille geschehe." (Lk 22,42).

Um das auch sagen zu können, müssen wir drei sehr wichtige Schritte tun. Der erste Schritt besteht darin, die Rechte, die wir für uns beanspruchen, herauszufinden und klar beim Namen zu nennen. Machen Sie sich eine Liste dieser „Rechte". Dann tun Sie den zweiten Schritt: Übergeben Sie diese „Rechte" an Gott. In seinem Brief an die Gemeinde der Galater schreibt Paulus: „Ich bin mit Christus gekreuzigt. Und nicht mehr lebe ich, sondern Christus in mir." (Gal 2,20).

Nageln Sie die Liste mit Ihren „Ich will ...“ ans Kreuz Christi. Paulus sagt dazu: „Von mir aber sei es ferne, mich zu rühmen, als allein des Kreuzes unseres Herrn Jesus Christus, durch welchen mir die Welt gekreuzigt ist und ich in der Welt.“ (Gal 6,14). Diesen Gedanken hatte Paulus aber auch schon an die Epheser geschrieben: „... daß ihr den alten Menschen ablegen ... und den neuen Menschen anlegen sollt.“ (Eph 4,22–24).
Unsere Entwicklung bleibt aber unvollständig, wenn nicht auch noch der dritte Schritt getan wird: Loben Sie Gott für das, was Sie sehen. In seinem extremen Leid rief Hiob: „Der Herr hat's gegeben, der Herr hat's genommen. Gelobt sei der Name des Herrn.“ (Hiob 1,21). Lobpreis ist ein entscheidendes Element im Leben mit Jesus. Ohne Lobpreis sind wir unvollständig. In Philipper 4,4 steht: „Freuet euch im Herrn alle Wege und abermals sage ich euch, freuet euch!“ Obwohl wir alle einen anderen Weg gehen, haben wir doch ein gemeinsames Ziel. Und die einzige Möglichkeit, dieses Ziel zu erreichen, besteht darin, daß wir auf Jesus schauen. Er hat versprochen, bei uns zu sein, uns zu helfen und zu leiten. Wie können wir dann noch den Kampf aufgeben und einfach weglaufen? Es ist *wahr*, daß wir geprüft werden, nachdem wir unsere „Rechte“ aufgegeben haben. Aber darüber sollten wir eigentlich froh sein, weil sich dadurch die Macht Gottes und der Wert unseres Dienstes erweisen werden. Wir können fest darauf vertrauen, daß er uns alles, was wir ihm ausliefern, in gereinigter Form zurückgeben wird. Und dann können wir in sein Lobpreis einstimmen.

1. Wenn Sie bisher auf Ihrem „Recht“ auf einen gläubigen Ehemann bestanden haben, wären Sie dann jetzt dazu bereit, dieses „Recht“ an Jesus auszuliefern?
2. Wie wäre die Einstellung Jesu zu Ihren „Rechten“?

3. Welche Bibelstellen können Ihnen hier Orientierung bieten?
4. Welche persönliche Haltung sollten Sie dazu einnehmen?
5. Was konkret müssen Sie tun, um Ihre „Rechte“ der reinigenden Kraft Gottes auszuliefern?
6. Berufen Sie sich auf folgende Bibelstelle: „Was ihr auch gelernt und empfangen und gehört und gesehen habt an mir, das tut; so wird der Gott des Friedens mit euch sein.“ (Phil 4,9)

15. Verliebtsein – Würze des Lebens

„Du hast mir das Herz genommen, meine Schwester, liebe Braut, du hast mir das Herz genommen mit einem einzigen Blick deiner Augen.“ (Hld 4,9)

„Ich kann es einfach nicht fassen!“ Nancy strahlte, als sie es mir erzählte. „Das ist jetzt das dritte Mal in ganz kurzer Zeit, daß mein Mann mir Blumen geschickt hat.“ Stolz zeigte sie mir den prächtigen Rosenstrauß auf dem Tisch. „Oh, toll!“ Ich sog genüßlich den Duft der Blumen ein und griff im Spaß nach der Karte, die zwischen den Blumen steckte – „Kann ich die lesen?“ „Um nichts in der Welt!“ Sie schnappte sich die Karte und wurde rot. „Nun ja, es ist sehr persönlich ...“ Wissend hob ich eine Augenbraue und genoß ihre leichte Verlegenheit. Sie lachte über meine Geste. Es war für beide von uns ein Augenblick des Triumphes.
Noch vor weniger als einem Jahr hatte es in Nancys Liebesleben nichts Errötenswertes gegeben. Es war vielmehr eine Hauptquelle ihrer Eheprobleme gewesen. Damals gestand sie mir: „Ich kann mich darauf verlassen –

immer gerade dann, wenn ich zur Kirchenchorprobe, zur Bibelstunde oder zum Gottesdienst gehen will, will Marty mit mir ins Bett gehen. Das endet dann immer mit Streit, und ich gehe entweder böse aus dem Haus oder nicht weniger böse mit ihm ins Bett!“

Wir hatten Monate damit verbracht, in der Bibel nach Gottes Rat in bezug auf Nancys negative Einstellung zur Sexualität zu suchen. Wir hatten zusammen gebetet und gemeinsam nach Ideen gesucht, wie man ihre Situation verbessern könnte. Die Rosen, die jetzt vor uns standen, waren ein sichtbarer Beweis dafür, daß Nancy sich und dadurch auch Marty geändert hatte.

Rosen bedeuten: „Ich liebe dich“, sie berühren die romantische Ader einer Frau auf eine Weise, wie es kein anderes Geschenk kann. Natürlich ist Romantik nicht der einzige Ausdruck von Liebe. Viele starke Ehen bleiben auch ohne viel Romantik intakt. Aber was ist Romantik nun eigentlich? Ein Mädchen, das als einzige literarische Nahrung die „Herz-Schmerz-Liebesromane“ erhält, glaubt zweifellos, daß Romanze und Liebe dasselbe sei. Ihr jugendlicher Idealismus mag sehr anziehend sein und manchmal auch die ganze Verlobungszeit, die Hochzeit und auch noch die Flitterwochen hindurch anhalten, aber die Blumen und Süßigkeiten, geflüsterte Schmeicheleien und zärtliche Umarmungen sind nur der *Ausdruck* von Liebe, dieser tiefen Verbindung zwischen zwei Menschen, die bedeutet: Wir gehören zusammen, egal was geschieht!

Der Bereich, an dem Nancy arbeiten mußte, um ihre Einstellung zur Sexualität zu ändern, hatte damit zu tun, wie weit sie sich wirklich auf diese Ehe einlassen wollte. Als ihr klar wurde, daß Marty ihr tatsächlich die Frage stellte: „Liebst du mich auch wirklich?“ – und daß ihn lieben bedeutete, für ihn das Beste zu wollen, da konnte sie den Bereich der Sexualität plötzlich mit anderen Augen sehen. Außerdem wurde ihr bewußt gemacht, daß zur Romantik und zur Verliebtheit in der Ehe immer zwei Beteiligte gehören. Sie konnte sich nicht einfach zurücklegen und erwarten, daß ihr Mann sie ständig umwerben würde.

Die vielleicht schönste Liebesgeschichte der Bibel steht im Buch Ruth. Stellen Sie sich einmal eine junge Witwe vor, die mit ihrer alten Schwiegermutter in einem fremden Land lebt. Fügen Sie an Einzelheiten noch hinzu, daß die Witwe kinderlos ist und arm. Ruth mußte die bei der Ernte übersehenen Ähren vom Boden aufsammeln, damit sie und ihre Schwiegermutter nicht verhungerten. Diese Tatsachen sind der ideale Hintergrund für eine Liebesgeschichte.

Als Boas Ruth zum ersten Mal auf dem Feld sah, wollte er unbedingt wissen, wer sie sei (Ruth 2,5). Sofort begann er, sie zu beschützen und für sie zu sorgen. Er gab ihr mehr Korn und Wasser. Später ließ er sie sogar an seinen Tisch rufen und teilte sein Essen mit ihr. Ich frage mich, ob Ruth wohl gestrahlt hat, als sie an jenem Abend nach Hause kam. Auf jeden Fall muß sie von dem Mann geträumt haben, der auf so liebenswürdige Art und Weise in ihr Leben getreten war. Aber auch in der Liebesgeschichte der Ruth verläuft nicht alles so geradlinig. Ruth ist ein liebes, gehorsames Mädchen, das sich bereitwillig den Anordnungen der Schwiegermutter fügt. Auf typisch weibliche Art badet sie sich dann und zieht sich schön an (Ruth 3,3). Und dann nimmt sie ein ziemlich großes Risiko auf sich. Ich frage mich, wie schnell wohl ihr Herz schlug, als sie an diesem Abend darauf wartete, daß Boas zu Bett ging. Ob sie wohl den Atem angehalten hat, als sie auf Zehenspitzen zu seinem Bett schlich und sich lautlos am Fußende seines Bettes zusammenrollte?

Ihr Verhalten scheint uns fremd, es lag aber durchaus im

Rahmen jüdischer Tradition. Sie wandte sich allein an Boas, um ihm ihren Wunsch mitzuteilen, Naomis Land zurückzubekommen und ihre Bereitschaft, als Gegenleistung seine Frau zu werden (5 Mose 25,5–10).
Sie hätte sich bestimmt nicht an Boas gewandt, wenn sie nicht den Eindruck gehabt hätte, er empfände dasselbe wie sie. Aber die letzte Entscheidung lag bei Boas. Indem sie im Schutz der Dunkelheit zu ihm ging, war er frei zu handeln, weil er keinem sozialen Druck unterlag. In wahrer Heldenart akzeptiert Boas sie nicht nur, sondern ist auch noch klug und verschwiegen, während er sich die Hand der Ruth sichert (Ruth 3 u. 4).
Ruths Liebe war bedingungslos. Sie war nicht egoistisch oder eigennützig. Sie forderte nicht, daß Boas öffentlich um sie werben müsse oder daß er sich den Sitten ihres Landes anpaßte. Sie war bereit, den ersten Schritt zu tun und das Risiko zu tragen. Aber das Ergebnis war all die Mühe wert. Boas heiratete sie nicht nur und machte sie zur Herrin über einen großen Besitz, sondern sie wurde außerdem zu einer der Auserwählten, die der direkten Linie Jesu Christi angehören (Mt 1,5).
Wir seufzen, schlagen das Buch zu und haben das wohlige Gefühl, an einer weiteren Liebesgeschichte teilgehabt zu haben. Aber muß es bei einer Geschichte bleiben? Wie steht es denn mit Ihrem Leben? Kommt Ihr Held abends von der Arbeit nach Hause, fällt in seinen Fernsehsessel oder versteckt sich hinter seiner Zeitung, bis er einschläft? Nun ja, er ist kein Märchenprinz mehr. Aber wie verhalten Sie sich dabei? Von allen Kapiteln des Buches habe ich vor diesem die größte Scheu gehabt. Ich nehme an, es liegt daran, daß es bei mir so lange gedauert hat, bis ich den Stellenwert von Romantik und Sexualität herausgefunden hatte. Ich bin wie viele Kinder in christlichen Familien aufgewachsen – das heißt, über Sex wurde nie und unter gar keinen Umständen gesprochen. Se-

xualität war zwar auch damals schon ein wesentlicher Bereich der Ehe, aber nette christliche Mädchen sprachen darüber einfach nicht. Leider hat genau diese Grundeinstellung mein Denken sehr stark geprägt. Und es hat viele Jahre gedauert, bis dieses Hindernis beseitigt und meine Ehe glücklicher werden konnte.
Nette christliche Mädchen wußten nichts von Leidenschaft, und christliche Frauen hatten eben nicht verführerisch zu sein. Was also tun so nette Mädchen wie Ruth und Esther, wenn sie sich nicht nur schön anziehen, sondern sich auch noch einparfumieren? Sie hatten offensichtlich keine Hemmungen, sich so anziehend wie möglich zu machen. Vielleicht sollten etliche von uns endlich das Schlafzimmer vom Tabu befreien. Der Schöpfer selbst hat doch die Ehe und die Sexualität gewollt und geschaffen, und vielleicht ist es deshalb auch ganz richtig, darüber zu sprechen. Ich fürchte, daß der ungläubige Ehemann die sexuellen Schwierigkeiten seiner gläubigen Ehefrau meistens als Prüderie betrachtet. Mit diesem unnatürlichen Hintergrund und den falschen Wertvorstellungen ist es kein Wunder, wenn das, was sich im Schlafzimmer abspielt oft für beide Beteiligten völlig unbefriedigend ist. Wenn nun seine Sekretärin beim Betriebsfest mit „weniger als einem Bikini“ bekleidet auftaucht, dann ist der Gegensatz zu Ihrer zurückhaltenden, schlichten Garderobe natürlich beachtlich. Wie kann eine christliche Ehefrau aber damit konkurrieren? Nun, im privaten Bereich kann sie das mit Sicherheit. Es ist sehr wichtig, daß Sie diese eine „unglaubliche“ Lektion lernen: *Es ist völlig in Ordnung, wenn Christen Spaß an der Sexualität haben*. Es ist sogar so, daß die Frauen, die mit Nichtchristen verheiratet sind, gerade in diesem Bereich die Liebe Gottes widerspiegeln können. „Darum soll ein Mann Vater und Mutter verlassen und seinem Weib anhangen, und die zwei werden ein Fleisch sein.“ (Eph 5,31). Wie

können wir nun unsere verklemmte Einstellung zur Sexualität, mit der wir aufgewachsen sind, ändern und eine verführerische, hinreißende Ehefrau werden? Wir sollten bei unserer Grundeinstellung anfangen. Wenn ich meinen Mann wirklich liebe, dann möchte ich sein Bestes, dann möchte ich ihm gefallen, wo ich nur kann. Und wenn ich für ihn sexuell anziehend bin, dann wird ihm das mit Sicherheit gefallen. Wenn Sie nun nicht wissen, wie Sie das anfangen sollen, dann lassen Sie sich von Sarah Anne einen Tip geben: „Mir ist aufgefallen", erzählte sie mir eines Nachmittags, daß es sexuell mit meinem Mann dann besonders gut geht, wenn ich vorher im Fernsehen einen romantischen Liebesfilm gesehen habe." Mir geht es manchmal ähnlich, wenn ich eine Liebesgeschichte lese. Plötzlich schieben sich meine eigenen Empfindungen und Erfahrungen in das Geschehen. Wenn meine Grundhaltung stimmt, dann können solche Dinge eine Stimmung hervorrufen, in der es nicht schwerfällt, auch mit dem Ehemann so eine Art der romantischen Liebe zu erfahren. Ganz praktisch heißt das: Wir sollten unsere sinnliche Wahrnehmung trainieren, damit diese Übertragung einfacher wird. Zum Beispiel sollten wir ruhig einmal Geld für ein tolles Nachthemd ausgeben – nicht nur für eines, das dem Ehemann gefällt, sondern für eins, in dem wir uns ganz großartig vorkommen. (Ich hoffe doch sehr, daß Sie nicht in den abgetragenen Pyjamas Ihres Mannes nächtigen. Das ist nicht nur unansehnlich, sondern läßt auch auf Ihr Selbstwertgefühl schließen.) Auch gegenseitiges Berühren ist Sinnlichkeit. Berühren Sie Ihren Mann oft, streicheln Sie ihn und haken Sie sich bei ihm ein, wenn Sie zusammen ausgehen. Sprechen Sie ruhig mit ihm darüber, was Sie gerne haben, und lassen Sie ihn ruhig merken, daß Sie ihn anziehend finden.

Wenn Ihr Mann nun auf all diese Annäherungsversuche

nicht reagiert, dann geben Sie nicht auf. Geben Sie sich, ohne *ganz bestimmte Erwartungen* zu haben, wie sich Ihr Mann verhalten soll – genauso liebt uns nämlich Gott. Auf die Dauer wird dieses Verhalten für Ihren Mann ein eindringlicheres Zeugnis sein als alle Worte. Wie ich bereits sagte, tat Nancy einen ersten Schritt, indem sie aufhörte sich zu wehren und zu streiten, wenn Marty zu einem ungelegenen Zeitpunkt mit ihr ins Bett gehen wollte. Sie entschied sich dafür, daß er Vorrang haben sollte, auch wenn sie dadurch vielleicht zu spät in den Gottesdienst käme. Das geschah aber nur ein paarmal. Denn als Marty merkte, daß sie sich Zeit für seine Bedürfnisse nahm, suchte er sich passendere Momente dafür aus. Sich so grundlegend zu ändern, ist sicher nicht leicht, aber es sagt ja auch niemand, daß Sie das ganz alleine schaffen müssen. Bitten Sie Gott, daß er Ihnen hilft, auch die sexuelle Seite Ihrer Ehe in Ordnung zu bringen. Fühlen Sie sich verstimmt oder mißmutig? – Bitten Sie Gott um Hilfe, daß Sie Ihrem Mann trotzdem die Zuwendung geben können, die er braucht. „Und was wir bitten, das empfangen wir von ihm, weil wir seine Gebote halten und tun, was ihm wohlgefällig ist." (1 Joh 3,22). Die Ehe und besonders das Ehebett ist die intimste Veranschaulichung der Verbindung zwischen Gott und den Christen. „Denn dein Eheherr ist dein Schöpfer, Herr der Heerscharen ist sein Name." (Jes 54,5).
Paulus bildet einen ähnlichen Vergleich im 5. Kapitel des Epheserbriefes: „Denn der Mann ist des Weibes Haupt, wie auch Christus das Haupt der Gemeinde ist; er ist des Leibes Retter. Wie nun die Gemeinde Christus untertan ist, so seien auch die Frauen ihren eigenen Männern untertan." (Eph 5,23–24)
Paulus erinnert noch einmal daran, daß Ehemann und Ehefrau ein Fleisch werden und fügt als Erklärung hinzu: „Dieses Geheimnis ist groß, ich aber deute es auf Chri-

stus und die Gemeinde." (Eph 5,32). Wenn es uns gelingt, Sexualität nicht mehr als lästige Pflicht, sondern als wunderbares Geschenk Gottes zu betrachten, dann können wir uns in Liebe mit unserem Mann verbinden, auf genau die wunderbare Weise, auf die auch Jesus mit seiner Gemeinde verbunden ist.

1. Auf welche Art und Weise (bitte konkret) können sie in Ihrer jetzigen Situation Ihrem Mann die Liebe Gottes deutlich machen?
2. Wie wäre die Einstellung Jesu dazu?
3. Welche Bibelstellen geben hier ein Beispiel, an dem Sie sich orientieren können?
4. Wie sollte Ihre persönliche Haltung in der Frage der Sexualität aussehen?
5. Berufen Sie sich auf folgende Bibelstelle: „Erkenne ihn auf allen deinen Wegen, so wird er deine Pfade ebnen." (Spr 3,6)

16. Wenn es wirklich nicht mehr geht

„Fürchte dich nicht, denn ich bin bei dir; sei nicht ängstlich, denn ich bin dein Gott; ich stärke dich, ich helfe dir auch, ich erhalte dich durch die rechte Hand meiner Gerechtigkeit. (Jes 41,10)

Sie klopfte eines Nachts an unsere Tür. Ihr Gesicht war geschwollen und voller blauer Flecke. Sie bat: „Mrs. Mitchell, darf ich reinkommen?" Obwohl die Geschichte ihrer Mißhandlung schockierend ist, kommt so etwas doch häufiger vor als wir wahrhaben wollen. Es war nicht das erste Mal, daß dieser Frau so etwas passiert war, und mir war klar, daß es auch nicht das letzte Mal sein würde, wenn sich nicht Entscheidendes änderte. „Warum läßt Gott zu, daß mir das passiert?“ Ihre Worte schnitten mir ins Herz. Nach einem Kneipenabend war ihr Mann nach Hause gekommen und hatte sein Wut an ihr ausgelassen, bevor er ins Bett getorkelt war. Im selben Haus befanden sich auch die zwei kleinen Kinder der beiden, und mir war klar, daß es jetzt an der Zeit war, ein paar harten Tatsachen ins Gesicht zu sehen. Die wichtigste Aufgabe dieser Frau war es jetzt, ihre Kinder zu schützen, aber sie hatte nicht mehr die Kraft, das alleine zu tun. Obwohl Änderungen in unseren Einstellungen und persönliche Fortschritte, über die wir ja in den anderen Kapiteln des Buches gesprochen haben, oft die Lösung für zerrüttete Beziehungen sind, haben sie aber auch manchmal die Wirkung eines winzigen Pflasters auf einer tiefen klaffenden Wunde.

Wenn wir wirklich alles Erdenkliche versucht haben, und es ändert sich trotzdem nichts, was dann? Verlangt Gott, daß wir bleiben, auch wenn wir mißhandelt werden? Es gibt jetzt bestimmt einige unter den Lesern, die dem Inhalt dieses Kapitels nicht zustimmen können, oder die sich eine solche Situation einfach nicht vorstellen können. Sie möchte ich bitten, dieses Kapitel mit Anteilnahme zu lesen.

Es gibt Frauen in extrem schwierigen Situationen, die ertragen 24 Stunden täglich Schmerzen, und viele von ihnen haben nicht die Kraft oder das nötige Wissen, sich selbst zu helfen. Wenn jemand sieht, daß ein Tier brutal geschlagen oder mißhandelt wird, dann wird in der Regel schnell die zuständige Behörde alarmiert. Wie merkwürdig ist es doch, daß wir versuchen, dem Opfer die Schuld zu geben, wenn exakt dasselbe mit einem Menschen geschieht. Wir urteilen oft so schnell – „Sie muß ja auch wirklich ein zänkisches Weib sein, wenn sie ihren Mann so zum Trinken treibt!“ Sollten wir nicht eher so schnell sein, wenn es darum geht, dem Opfer zu helfen? Es gibt böse Menschen auf dieser Welt, und wir leiden unter ihnen. In der Bibel finden wir dafür viele Beispiele: Herodias, die den Kopf Johannes des Täufers wollte (und bekam! Mt 14,1–11); König Herodes, der all die unschuldigen Kinder umbringen ließ (Mt 2,16); der ägyptische Pharao (2 Mose 1) und viele mehr.

Manchmal sorgte Gott in seiner Liebe für Gelegenheit zur Flucht. Durch Moses z. B. befreite er die Israeliten von ihren Unterdrückern. Und um seinen eigenen Sohn zu retten, sandte er Maria und Joseph einen Engel mit der Botschaft, die besagte, daß die drei in ein anderes Land fliehen sollten.

Auch für die christliche Ehefrau kann der Zeitpunkt kommen, an dem es nötig wird zu gehen, um sich selbst und die Kinder zu schützen. Mißhandlungen dürfen einfach nicht geduldet werden! Wenn Sie sich in einer Situation befinden, in der Sie oder Ihre Kinder mißhandelt oder auch sexuell mißbraucht werden, dann möchte ich Sie von ganzem Herzen ermutigen: Nehmen Sie die Hilfe in Anspruch, die Sie so dringend brauchen. Hören Sie auf, sich hinter fadenscheinigen Erklärungen zu verstekken – sie bieten keinen Schutz, und oft kann Ihre Umwelt sowieso geradewegs durch diese Erklärungen hindurch die Wahrheit sehen. Sie dürfen nicht länger warten, Sie müssen *jetzt* handeln. Es gibt eine ganze Reihe von Organisationen, die Ihnen helfen können. Wenn Sie körperlich mißhandelt werden, dann rufen Sie die Polizei – SOFORT! Sie wird Ihnen dann einen Platz zuweisen, wo Sie bleiben können, und Sie an Stellen weitervermitteln, die Ihnen weiterhelfen.

In vielen Städten gibt es auch Frauenhäuser für geschlagene und mißhandelte Frauen. Auch der Kinderschutzbund und die Jugendämter wissen, wie Ihnen geholfen werden kann. Es gilt keine Entschuldigung mehr, wenn Sie am Grab eines Ihrer Kinder stehen. Und glauben Sie mir – das geschieht gar nicht selten. Bitten Sie *jetzt* jemanden um Hilfe, wenn Sie Hilfe brauchen. Auch jeder Arzt oder Geistliche hat Verbindungen zu den Stellen, die Ihnen helfen können – aber seien Sie bitte offen. Sagen Sie ihnen die Wahrheit, auch wenn Ihnen das sehr peinlich ist. Und denken Sie daran: Es ist sicher nicht leicht, um Hilfe zu bitten. ABER wenn Sie den „Mumm“ haben, seine Schläge auszuhalten, dann können Sie mit Sicherheit auch einen Telefonhörer in die Hand nehmen. Eine Frau erzählte mir, nachdem sie gegangen war: „Das einzige, was ich bereue, ist, daß ich nicht früher gegangen bin.“

Vielleicht ist Ihre Situation nicht ganz so schlimm, und trotzdem sind all Ihre Selbsthilfeversuche vergeblich; dann ziehen Sie doch bitte erfahrene Berater hinzu. Viele Pfarrer sind heute auch als Berater ausgebildet, zumindest können sie Ihnen aber sagen, wo Sie Hilfe bekommen können. Gott hat uns so oft versprochen, uns zu helfen, wenn wir darum bitten (Mt 7,7–11), dasselbe gilt aber auch für die Hilfe von Menschen – Sie müssen darum bitten.

Was geschieht aber, wenn es für Beratung bereits zu spät ist, oder wenn die Beratung wirkungslos ist und Ihr Ehemann beschließt, Sie zu verlassen? Lassen Sie mich einige Punkte nennen, die Sie in einem solchen Fall bedenken sollten:

Sie fühlen sich in diesem Fall bestimmt abgelehnt. Getroffen von der Erkenntnis, daß Sie einfach zur Seite gestellt worden sind, kann es sein, daß Sie in Selbstmitleid versinken. Möglicherweise verkriechen Sie sich auch zu Hause, weil Sie glauben, Sie seien nichts wert. Unfähig, die Wirklichkeit zu ertragen, gerät man nur zu leicht in den Strudel des „Was wäre, wenn ...“

„Was wäre, wenn ich mich so verhalten hätte?“ Oder „Was wäre, wenn ich dieses oder jenes geändert hätte?“ Oder vielleicht hoffen Sie auch, daß er zurückkommt.

Alles, was ich dazu sagen kann, ist: Es gibt kein Zurück mehr. Sie können die Vergangenheit nicht ändern, und deshalb ist es besser, jetzt und heute weiterzugehen. Die Zukunft wird für sich selber sorgen. In Selbstmitleid zu ertrinken, trägt sicherlich nicht zur Verherrlichung Gottes bei.

Aber die Bibel bietet uns Trost. Im Umschlag meiner Bibel steckt ein Zettel mit den folgenden Versen. Sie erinnern mich immer an Gottes Trost, wenn ich in schwierigen oder unerträglichen Situationen bin:

2 Kor 1,4–6	Gott tröstet uns, damit wir andere trösten können.
2 Kor 2,14	Der Triumph Christi in uns wird von anderen Menschen zur Kenntnis genommen.
2 Kor 4,16–18	Unsere kleinen Sorgen bringen uns ewige Herrlichkeit, die in keinem Verhältnis zur Banalität der Sorgen steht.
2 Kor 12,9	„Laß dir an meiner Gnade genügen“ – Schwäche bewirkt eine tiefere Erkenntnis der Macht Christi.

Immer, wenn ich mich durch das Chaos überwältigt fühle, das mich umgibt, dann lese ich diese Stellen, und in der Regel bringt mich eine davon wieder auf den Weg der Besserung.

Ich glaube, es ist sehr wichtig für uns, daran zu denken, daß wir *nie* alleine sind, egal wie schwierig unsere Situation ist. Gott hat uns versprochen, bei uns zu sein. Er weist uns nicht ab. Und es gibt immer auch noch andere

Menschen, die Ähnliches durchmachen müssen und die auch Trost brauchen.
„Tröstet, tröstet mein Volk! spricht euer Gott. Redet mit Jerusalem freundlich und prediget ihr, daß ihre Knechtschaft ein Ende hat, daß ihre Schuld vergeben ist; denn sie hat doppelte Strafe empfangen von der Hand des Herrn für alle ihre Sünden." (Jes 40,1–2). Hier wird deutlich: Gott will, daß wir das Vergangene loslassen und seine Ruhe und seinen Frieden annehmen. Indem wir uns um andere Menschen kümmern, die auch verletzt sind, beginnt ein Heilungsprozeß auch in uns selbst! Gott möchte, daß wir heil werden vom Schock und dem ungläubigen Staunen („Das ist einfach nicht wahr!" oder „Ich tue einfach so, als ob er bald nach Hause käme"), vom bohrenden Zorn (*auf ihn*, auf Gott, vielleicht auch auf uns selbst), von der schweren Last der Schuldgefühle (Es ist alles meine Schuld), vom schwarzen Loch der Depression (Wenn dies das Leben ist, dann will ich nicht mehr leben). Gott bietet uns stattdessen seinen Frieden, seine Befreiung und seinen Trost an. Das alles können wir haben, wenn wir unsere Situation als Tatsache akzeptieren und Gott um Hilfe bitten.
In diesem Kapitel sind wir vor die schwere Frage gestellt worden: Wie schlimm muß es werden ...? – Nur Sie selbst können die Antwort darauf geben. Was für den einen Menschen unerträglich ist, braucht es für den anderen noch lange nicht zu sein. Aber wenn Sie Ihr Leben im Gebet vor Gott betrachten, dann seien Sie ehrlich vor sich selbst und vor Gott. Lassen Sie sich von ihm trösten und leiten.

1. Wem sollten Sie in Ihrer derzeitigen Situation Gottes Liebe zeigen?
2. Was würde Jesus tun, wenn er bei Ihnen zu Hause lebte?

3. An welchen Bibelstellen können Sie sich in Ihrer Lage orientieren?
4. Welche Grundhaltung sollten Sie einnehmen, um die Vergangenheit loslassen zu können?
5. Sie haben in diesem Kapitel auch sich selbst wiedererkannt. Welche Schritte sollten Sie noch heute tun? Sollten Sie die Polizei rufen? Einen Geistlichen? Einen Berater? Oder sollten Sie Kontakt aufnehmen zu einem Menschen, der genauso verletzt ist wie Sie?
6. Berufen Sie sich auf folgende Bibelstelle: „Wenn du durch Wasser gehst, will ich bei dir sein, daß dich die Ströme nicht ersäufen sollen; und wenn du ins Feuer gehst, sollst du nicht brennen, und die Flamme soll dich nicht versengen.“ (Jes 43,2)

17. Die Größe des kleinen Anfangs

„Denn wer immer den Tag des geringen Anfangs verachtet hat, wird doch mit Freuden sehen den Schlußstein in Serubabels Hand.“ (Sach 4,10)

Ich kann dieses Buch nicht abschließen, ohne die Verheißung anzusprechen, die auf dem kleinen Anfang liegt. In Kapitel 15 haben wir miterlebt, wie sich etwas änderte. Nancys Mann schickte ihr Blumen und richtete seine eigenen Bedürfnisse auch nach denen seiner Frau. In Kapitel 3 bemerkte Darlene, wie ihr Mann Tom sich ein wenig veränderte. Als sie sich im Kreis seiner Freunde entspannter verhalten konnte, verschwand sein Gefühl der Bitterkeit. Cathy in Kapitel 4 erlebte einen „kleinen Anfang“ in der Einstellung ihres Mannes. Als sie um sein Einverständnis bat, die Kinder mit zur Kirche nehmen zu dürfen, hörte George auf, sie zu ärgern.

Es geschieht so oft, daß wir nur auf die großen Dinge achten. Es sind aber fast immer Kleinigkeiten, die Zeichen für Veränderung sind. In dem Tal, in dem wir leben, gibt es während des Winters in bestimmten Abständen den sogenannten „Chinook-Wind“. Das ist ein ganz plötzlich auftretender, warmer Wind, der Schnee und Eis wegfegt und enorme Temperaturschwankungen mit sich bringt. Innerhalb von ein paar Stunden findet ein Wechsel von winter- zu frühlingshaften Bedingungen statt. In unseren Hinterköpfen ist den ganzen Winter über die Frage: „Gibt es heute Chinook?“ Immer, wenn wir das Haus verlassen, werfen wir einen Blick auf die Berggipfel und warten auf das Zeichen, das uns Hoffnung auf eine kurze Unterbrechung des Winters gibt.
Es fängt ganz oben an den schneebedeckten Berggipfeln an. Ein winziger blauer Fleck kriecht sehr langsam abwärts. Lange bevor der Wind dann wirklich da ist, und wir unseren zweiten dicken Pullover von uns werfen, macht die Neuigkeit schon die Runde. „Es ist ein Chinook!“ Es mag auch dann noch eiskalt sein draußen, aber in den Augen der Leute liegt ein besonderer Glanz und ihr federnder Gang ist Ausdruck ihrer Hoffnung.
Genauso wirken sich kleine Anfänge aus. Nur ein kleiner Wink, nur ein Hinweis darauf, daß auch wieder bessere Tage kommen. Wir müssen uns darauf konzentrieren, damit wir die ersten Anzeichen nicht verpassen. In Kapitel 15 haben wir die Geschichte der Ruth besprochen. Sie bekam einige der besten Hinweise, die man sich nur vorstellen kann. Achten Sie einmal auf die Entwicklung: Zuerst sagt Boas: „Halte dich da zu meinen Jungfrauen.“ (Ruth 2,8). Er wollte nicht, daß sie wieder wegging. Das deutete bereits auf ein wenig Interesse hin. In Vers 9 fügt er dann hinzu: „Und wenn dich dürstet, dann geh hin zu den Gefäßen und trinke.“ Das war schon mehr als eine rein passive Rolle. Er machte sich Gedanken um ihre Si-

cherheit und um ihr leibliches Wohl. Ich kann mir genau vorstellen, welche Art von Blicken sich die Bediensteten zuwarfen, als sie das Interesse ihres Herrn für diese fremde Frau bemerkten. Als Ruth sich dann selbst fragte, warum Boas sich wohl so verhielt, da kam er noch einmal zu ihr zurück mit einer Entschuldigung, die von einem verliebten Teenager hätte stammen können. „Also ... äh ... also, ich habe von dir gehört ... und äh ... du brauchst doch bestimmt Hilfe ... und ... Gott segne dich." (meine Übersetzung der Verse 11 und 12). Aber zur Mittagszeit gewann Ruth dann ein ganz klares Bild, als Boas sie bat, mit ihm an seinem Tisch zu essen (Vers 14).

Einzeln scheinen die kleinen Vorfälle ziemlich belanglos. Aber wenn man sie mit den Augen der Hoffnung betrachtet, fügen sie sich Stück für Stück zusammen, und es werden Zeichen der Veränderung sichtbar.

Auch Samuel erlebte einen kleinen Anfang. Sein sehnsüchtigster Wunsch war es, daß ein Mann Gottes König über Israel würde (1 Sam 16,1). Er trauerte noch um Saul, als Gott ihm bereits die ersten Zeichen der Hoffnung gab. Er wurde ins Haus des Isai geschickt, um dort den neuen König zu salben. Aber statt eines erwachsenen Mannes, der bereit war, das Königsamt zu bekleiden, sollte Samuel ein *Kind* salben! „Er aber sprach: Der kleinste ist noch übrig und siehe, er hütet die Schafe!" (1 Sam 16,11). Aber Gott hatte Samuel aufgetragen, nicht auf die großen, sondern auf die kleinen Dinge zu achten. „Denn nicht sieht der Herr auf das, worauf ein Mensch sieht. Ein Mensch sieht, was vor Augen ist; der Herr aber sieht das Herz an." (1 Sam 16,7). Es war genau dieses Kind, das eines Tages der von Gott gewählte König sein würde, den sich Samuel so sehr gewünscht hatte!

Auch für David war dies ein kleiner Anfang. Alles, was er hatte, war das geheime Wissen, daß er gesalbt worden war, auserwählt, der zukünftige König zu sein. Ich frage mich, was er wohl gedacht hat, als er zurück aufs Feld ging, um die Schafe zu hüten. War das ein angemessener Aufenthaltsort für den zukünftigen König? Würde es wirklich wahr werden?

Als ich mit meiner Ausbildung in einer Bibelschule begann, war ich erstaunt über das, was ich über die Anfänge dieser Schule erfuhr. Miss Johnson, eine Missionarin, wurde von fünf Frauen gefragt, ob sie ihnen nicht Anleitung beim Bibelstudium geben könne. Sie erklärte sich bereit, sagte aber gleich im voraus, daß sie die Frauen nicht päppeln werde. Sie bestand darauf, daß sie ihr in der Arbeit Schritt für Schritt folgten und auch selbständiges Bibelstudium betrieben. Auf diese Weise entstand der Kern dessen, was später zur Bibelschule wurde. Seitdem sind mehr als 100 000 Männer und Frauen aus sechs Ländern denselben Weg gegangen zu einem tieferen, persönlicheren Wissen über die Bibel. Was wäre gewesen, wenn sie nein gesagt hätte, oder wenn fünf Frauen ihr nicht der Mühe wert erschienen wären? Eine der Folgen wäre sicherlich eine Lücke in meiner geistlichen Entwicklung gewesen. Es war die Bibelschule, die meine persönliche Suche nach mehr Wissen über Gott bewirkte.

Auf welche kleinen Anfänge sollen wir als christliche Ehefrauen in unseren geistlich ungleichen Ehen besonders achten? Beginnen Sie damit, auf eine Änderung in der Grundeinstellung zu achten. Ist die Intensität seines Widerstandes weniger geworden? Hat er alte Verhaltensmuster geändert und bemüht sich jetzt darum, Ihnen das Leben leichter zu machen?

Beachten Sie auch die kleinste positive Änderung in seiner Grundeinstellung und loben Sie Gott dafür. Paulus schrieb an die Thessalonicher: „Seit in allem dankbar; denn das ist der Wille Gottes in Christus Jesus für euch.“

(1 Thess 5,18). Das Loben ist das Salz unseres Gebets, der Katalysator, der unsere Bitten mit den Antworten Gottes verbindet.
Paulus ermutigte die Epheser darüber hinaus: „Und redet miteinander in Psalmen und Lobgesängen und geistlichen Liedern und singet und spielet dem Herrn in euren Herzen und saget allezeit Gott, dem Vater Dank für alles, im Namen unseres Herrn Jesus Christus." (Eph 5,19–20). Durch unser Lobpreis können wir die Gewißheit über alle Verheißungen der Bibel haben. Ich habe noch nicht einmal angefangen, die Verheißungen für uns Frauen aufzuzählen, die mit ungläubigen Männern verheiratet sind. Wir sind aufgefordert, Gott beim Wort zu nehmen, seine Macht an unserem Leben zu beweisen. Er hat Segen um Segen versprochen. „Ich bin der Herr dein Gott, der dich aus Ägyptenland heraufgeführt hat. Tue deinen Mund weit auf, so will ich ihn füllen." (Ps 81,11). Wenn Sie sich auf ihn berufen, dann wird er Sie nicht im Stich lassen. „Treu ist er, der euch beruft; er wird es auch tun." (1 Thess 5,24). Aber wir können nicht in den Genuß der Verheißungen kommen, wenn wir uns nicht im Glauben danach ausstrecken und sie in Anspruch nehmen. Es macht nichts, wenn wir meinen, wir seien viel zu schwach, denn Gott verspricht, uns trotzdem zu helfen. „Er gibt dem müden Kraft und Stärke genug dem Unvermögenden." (Jes 40,29).
Sie sehen also, es gibt keine Entschuldigung dafür, sich zurückzulehnen und über die eigene Misere zu jammern. Gott hat uns aufgefordert: „Schmecket und sehet, wie freundlich der Herr ist." (Ps 34,9). Auf jede nur mögliche Weise habe ich versucht, Ihnen zu zeigen, daß Sie Ihren Mann nicht ändern können. Das ist Gottes Sache. Aber Sie können *sich selbst ändern* – wenn Sie es wollen. Zusammen mit dem Apostel Paulus möchte ich Ihnen sagen: „Ich ermahne euch nun ... durch die Barmherzig-

keit Gottes, daß ihr eure Leiber gebet zum Opfer, das da lebendig, heilig und Gott wohlgefällig sei. Das sei euer vernünftiger Gottesdienst. Und stellet euch nicht dieser Welt gleich, sondern verändert euch durch Erneuerung eures Sinnes, auf daß ihr prüfen möget, was Gottes Wille ist, nämlich das Gute und Wohlgefällige und Vollkommene." (Röm 12,1–2).

Wir müssen bereit sein, uns als ganze Person Jesus auszuliefern und uns von ihm ändern zu lassen. Ich wehre mich manchmal, wenn Gott mir einen Bereich in meinem Leben zeigt, der geändert werden muß. In dem Fall muß ich oft beten: „Herr, gib, daß ich bereit werde, mich bereit machen zu lassen, mich zu ändern."

Wenn wir wirklich all das tun, was wir nach bestem Wissen tun sollen, dann wird Gott unsere Mühe belohnen. „Auf das du erfahrest, daß ich der Herr bin, an welchem nicht zuschanden werden, die auf mich harren." (Jes 49,23). Vielleicht der größte Segen, der auf dem Vertrauen in die Verheißungen liegt, besteht aus dem Frieden, der daraus erwächst. In Philipper 4,7 lesen wir: „Und der Friede Gottes, der höher ist als alle Vernunft, bewahre eure Herzen und Sinne in Christus Jesus!" Während Sie notwendige Änderungen vollziehen und in der Bibel nach Gottes Führung suchen, wird sein Frieden Ihr Herz füllen. Sie werden eine neue, entspanntere Atmosphäre zu Hause erleben und größere Zufriedenheit. Mit der Verbesserung unserer Beziehung war es meinem Mann und mir sogar möglich, über Gott, Jesus, Erlösung und Christentum zu sprechen, ohne Angst zu haben, der andere greife an oder zöge sich zurück. Eines der besten Gespräche über Erlösung hatten mein Mann und ich sogar, während ich das Manuskript für dieses Buch schrieb. Da gewährte Gott mir einen wunderbaren Blick in die Seele meines Mannes.

„Ich betrachte mich nicht als ungläubigen Menschen!"

sagte mein Mann, nachdem er dieses Buch gelesen hatte. Und da erst beschäftigte ich mich genauer mit seinem Standpunkt. Irgendwie hatte ich erwartet, nach der Lektüre des Buches würde er zur Tür hereinkommen und verkünden: „Jetzt bin ich Christ!“ Und dann wäre er auf der Stelle ein reifer Christ und wir hätten nie mehr Schwierigkeiten. Stattdessen seine einfachen Worte. Und ich hörte mit dem Herzen Gottes zu, als er mir erzählte, wer seiner Ansicht nach Christ sei. Da konnte ich einen winzig kleinen Anfang eines Lebens in Christus sehen. Oh, wie vorsichtig ich jetzt sein muß, um diesen schwachen Funken nicht auszutreten. Gott selbst hat versprochen, daß er das geknickte Rohr nicht zerbrechen und den glimmenden Docht nicht löschen wird (Jes 42,3). Es ist ein Anfang – ein ganz kleiner – aber er gibt mir viel Hoffnung und Frieden.

1. Für welchen kleinen Anfang im Leben Ihres Mannes können Sie Gott loben?
2. Was würde Jesus in Ihrer jetzigen Situation tun?
3. Welche Bibelstelle kennen Sie, mit deren Hilfe Sie entweder Gott loben oder seinen Frieden für sich beanspruchen können?
4. Welche persönliche Einstellung sollten Sie in bezug auf den „Kleinen Anfang“ haben?
5. Was wollen Sie in Ihrem Leben ändern, nachdem Sie all die Beispiele für „kleine Anfänge“ gelesen haben?
6. Berufen Sie sich auf folgende Bibelstelle: „Habe deine Lust am Herrn; der wird dir geben, was dein Herz wünscht. Befiehl dem Herrn deine Wege und hoffe auf ihn, er wird’s wohl machen.“ (Ps 37,4–5)